EL VERDADERO DRÁCULA

Descubre a Vlad el Empalador, el Verdadero Personaje Detrás del Mito

JEREMY CRESS

Índice

Introducción

Vlad III Drăculea (1431 - 1476) fue un príncipe o voivoda valaco. "*Voivoda*" significa en eslavo antiguo "*jefe de guerra*" o "*señor de la guerra*". En Valaquia, el término formaba parte del título oficial del príncipe soberano, indicativo de su derecho a ser comandante principal del ejército. Vlad III gobernó en 1448, 1456-1462 y 1476. También se le conoce como "*Vlad el Empalador*", Vlad Drácula o, en rumano, Vlad Drăculea. El nombre de "*Vlad el Empalador*", o Vlad Ţepeş en rumano, le fue dado póstumamente, en referencia a su frecuente uso del empalamiento para castigar a sus enemigos. Aunque hay pocas pruebas que apoyen esta conclusión, quizá sea más conocido como la inspiración del Conde Drácula de Bram Stoker.

Militar hábil y gobernante estricto durante una época tempestuosa y brutal, el legado de Vlad III varía en función de la fuente consultada.

Es una situación que reconocemos fácilmente hoy en día, con medios de comunicación que presentan percepciones muy diferentes de un mismo individuo o acontecimiento en función de sus visiones del mundo y agendas. Vlad III es recordado como un héroe que luchó contra las incursiones del Imperio Otomano según los relatos rusos y rumanos, pero como un déspota cruel por los sajones alemanes que tenían intereses económicos en la zona. Incluso el propio Vlad III cultivó ciertos mitos sobre su gobierno y temperamento. Explorar todas estas perspectivas es parte de lo que hace de él una personalidad tan compleja y fascinante, a partes casi iguales ficticia e histórica.

1

Nacimiento y primera vida de Vlad III

El año exacto del nacimiento de Vlad sigue siendo objeto de debate entre los historiadores. De hecho, la mayor parte de los hechos relacionados con la vida del Empalador tienen que ser reconstruidos a partir de fragmentos de información disponible, teniendo en cuenta que la mayoría de los registros oficiales conservados en los países balcánicos de la época desaparecieron tras las invasiones otomanas. Como mucho, podemos afirmar que nació entre 1429/1430 y 1436.

Curiosamente, aunque no sepamos la fecha exacta del nacimiento de Vlad, tenemos una idea razonable de dónde pudo nacer. La actual Sighişoara, en la provincia rumana de Transilvania, conserva una casa en la que Vlad II Dracul, el padre de Vlad el Empalador, vivió supuestamente con su primogénito, Mircea.

. . .

La casa y la ciudad en sí no han sido elegidas arbitrariamente como lugar de nacimiento de Vlad el Empalador, por supuesto. Sighişoara, conocida entonces como Schaäsburg (en alemán) y Segesvár (en húngaro), era un importante centro comercial y artesanal de Transilvania.

Más de quince gremios y veinte ramas artesanales encontraron su hogar en la ciudad, y el propio Vlad Dracul acuñó monedas allí. La ciudad estaba poblada por valacos y húngaros, pero también por una creciente población de artesanos alemanes, originarios del Sacro Imperio Romano Germánico. De hecho, una parte importante de la infancia de Vlad transcurrió en Transilvania, entre las comunidades sajonas locales.

Aunque hoy en día la mayoría de la gente asocia al Empalador con Transilvania, lo cierto es que Vlad era un voivoda de Valaquia, y la mayor parte del tiempo que pasó en Transilvania no gobernó esa tierra. A principios del siglo XV, Drácula y su familia eran voivodas de Valaquia, pero se involucraron en los asuntos de estado tanto de Transilvania como de la vecina Moldavia.

. . .

Para comprender la situación en su conjunto, debemos examinar cómo vivían los antepasados de los rumanos y moldavos actuales durante la Baja Edad Media. Tanto Valaquia como Moldavia eran territorios semiindependientes habitados mayoritariamente por rumanos que practicaban el cristianismo ortodoxo oriental y estaban bajo la influencia cultural directa de los griegos (el Imperio Romano de Oriente, es decir, los bizantinos) y de diversos grupos eslavos (predominantemente búlgaros y serbios). Por ejemplo, la mayoría de sus costumbres religiosas procedían de los bizantinos, pero los títulos de la corte y la disposición arquitectónica de los castillos eran en su mayoría eslavos. Además, el eslavo eclesiástico antiguo era la lengua "diplomática" de las élites, y la mayoría de los gobernantes de esta época lo escribían y hablaban (similar a los territorios albaneses semiindependientes durante la misma época). Sin embargo, el territorio conocido como "la tierra más allá del bosque" (*ultra sylvam*) no es tan fácil de precisar en términos de población. Aunque sin duda fue el hogar de una gran población valaca, desde principios del siglo XI hasta nuestros días, los valacos nunca fueron mayoría. De hecho, basándonos en todas las pruebas arqueológicas y fuentes escritas contemporáneas, podemos afirmar con seguridad que la mayoría de los transilvanos no eran valacos, no hablaban ni escribían predominantemente en eslavo y eran el polo opuesto de los cristianos ortodoxos orientales. Transilvania era oficialmente un territorio vasallo húngaro sometido al rey húngaro, que tenía el poder de instituir sus propios voivodas como protectores de la tierra. Sin embargo, el territorio contaba con un gran número de habitantes sajones alemanes que empezaron a aparecer en masa a principios del nuevo milenio (los sajones también habitaban en las vecinas Serbia y Bulgaria, trabajando sobre todo como mineros y herreros).

Por último, estaban los székelys (denominados szeklers en otros textos), un subgrupo de húngaros cuyos orígenes aún se debaten en cierta medida, pero que sirvieron como guardias fronterizos del Reino de Hungría durante la Alta Edad Media. Los tres grupos eran principalmente católicos y juraban lealtad a la Corona húngara, actuando a menudo en oposición directa a cualquier voivoda valaco que llegara al poder.

La razón por la que la composición de la población de Transilvania es importante para la historia de Vlad el Empalador se debe a que configuró la mayor parte de su posterior visión del mundo. Profundizaremos más en esto en capítulos posteriores, pero para resumirlo, Vlad fue alguien que creció en un entorno multiétnico con creencias religiosas y culturales diametralmente opuestas, y aunque se esforzó por garantizar la estabilidad y el bienestar de su propio estado multiétnico, seguía siendo tan xenófobo y desconfiado como lo sería un príncipe medieval. Y no es ni mucho menos el único: la mayoría de los gobernantes medievales de todo el mundo, en todos los continentes habitados permanentemente, eran abiertamente antagónicos con las tribus vecinas y con frecuencia se esforzaban por asimilarlas o aniquilarlas.

Los Balcanes a finales del siglo XV

Como ya se ha dicho, Vlad nació probablemente entre 1429 y 1436. Era una época de gran agitación en la península balcánica. El emergente Imperio Otomano seguía creciendo en tamaño y fuerza, y los efectos de este crecimiento se dejaban sentir en las tierras independientes cuya propia influencia estaba menguando. En la década de 1450, el otrora poderoso Imperio Romano de Oriente había quedado reducido a unos pocos territorios en la actual Grecia y al territorio de Constantinopla, que para entonces se había convertido en una sombra de lo que fue. La mayoría de sus habitantes habían desaparecido hacía tiempo y, desde la perspectiva de un ciudadano local, no se parecía en nada a una ciudad fantasma. Los emperadores de la época, la dinastía Palaiologoi (sing. *Palaiologos*, que significa "palabra antigua"), eran vasallos de los turcos. No sólo tendrían que pagar un tributo monetario al sultán, sino que también estarían sometidos al sistema conocido como Devshirme, es decir, pagar tributo "con sangre". El sistema era bastante sencillo: Las tropas otomanas tomaban a un grupo de niños y jóvenes de entre ocho y veinte años, los transportaban a un centro otomano importante y los convertían a la fuerza al islam. Una vez islamizados, los muchachos se convertían en soldados (como parte de las tropas de élite llamadas jenízaros) o entraban en la función pública como diplomáticos y visires. Cientos de miles de niños cristianos fueron convertidos mediante este sistema hasta su abolición a principios del siglo 18, siendo la gran mayoría de origen griego.

Sin embargo, los turcos tenían otras naciones con las que lidiar durante los primeros años de la vida de Vlad. Justo en la época del colapso del Imperio Romano de Oriente, Serbia había cobrado importancia, habiendo sido elevada a la categoría de imperio en 1346. Tras la caída del imperio varias décadas después y la famosa batalla de Kosovo en 1389, Serbia se convirtió en un estado vasallo de los otomanos, con su territorio muy reducido y gobernado por un déspota (un título real un rango por debajo del de emperador). Entre 1427 y 1456, el déspota sería Đurađ Branković, el primer gobernante de la familia Branković en sentarse en el trono y el último gobernante efectivo de las tierras serbias.

A la edad de cincuenta años, tenía la experiencia y la destreza de un gobernante decente, así como una increíble cantidad de riquezas. Sin embargo, su territorio era independiente sólo de nombre; al igual que los Palaiologoi, la dinastía Branković también tenía que pagar tributo a los otomanos. Aun así, no era necesariamente un vasallo leal del imperio, ni tampoco era realmente leal a sus enemigos.

Aunque mantuvo buenas relaciones con el sultán Murad II, en gran parte porque su hija, Mara Branković, se casó con el sultán en 1434, también fue un estrecho aliado de la Corona húngara, así como de la República de Venecia y de algunas partes de la Zeta medieval.

Por supuesto, la rivalidad de Đurađ Branković con el general húngaro y héroe cristiano Juan Hunyadi le llevaría a negarse constantemente a ayudar a la causa cristiana contra los otomanos o incluso a ayudar a los otomanos (como cuando capturó a Hunyadi tras la menos conocida Segunda Batalla de Kosovo en 1448 y mantuvo a su hijo mayor como rehén a cambio de un rescate), lo cual era, en sí mismo, extraño teniendo en cuenta el intercambio de propiedades entre Hunyadi y Branković no hacía mucho tiempo. Ambos morirían en 1456, con varios meses de diferencia. La muerte de Đurađ Branković fue posiblemente el mayor golpe para la Serbia bajomedieval, ya que se produjo una crisis sucesoria en la que los miembros restantes de su familia se disputaron la herencia. Apenas tres años después, el déspota serbio sucumbiría definitivamente a los turcos, y el país no recuperaría su independencia hasta finales del siglo 19.

Bosnia se encontraba en una situación similar a la de Serbia, con su dinastía reinante Kotromanić debilitada por gobernantes regionales que desgarraron el país. Su último gobernante fue Esteban II Tomašević, que fue, curiosamente, el último déspota oficial de una Serbia independiente antes de rendirla a los otomanos en 1459 y regresar a su Bosnia natal, donde fue coronado rey poco después, en 1461. Su propia muerte en 1463 a manos del propio sultán Mehmed II (o de uno de sus oficiales militares cercanos), así como la de sus familiares varones vivos más cercanos, marcaron el fin de Bosnia y del posterior dominio otomano que duraría hasta que los territorios fueron anexionados por Austria-Hungría a finales del siglo 19 y principios del 20.

De todos los países balcánicos, Hungría fue probablemente el mayor rival de los turcos en tiempos de Vlad. Fue el rey húngaro, Segismundo de Luxemburgo, quien decidió actuar contra los otomanos formando la llamada Orden del Dragón. Esta Orden contaba con destacados miembros de la nobleza europea, entre ellos el predecesor de Đurađ Branković, el déspota Stefan Lazarević (hijo de Lazar Hrebeljanović, el príncipe serbio que dirigió el ejército serbio contra los otomanos durante la batalla de Kosovo en 1389); Hermann II, conde de Celje y suegro del rey Segismundo; Pippo Spano, general y magnate italiano amigo personal de Segismundo y estadista de talento; Karlo Kurjaković, noble croata y uno de los fundadores de la Orden; Fruzhin, noble búlgaro descendiente de los últimos emperadores búlgaros y luchador acérrimo contra los turcos; el rey Alfonso V de Aragón, figura de excepcional importancia durante los primeros años del Renacimiento; Gjergj Kastrioti Skanderbeg, noble albanés famoso en toda Europa por sus encarnizadas batallas contra las tropas otomanas; y Vlad II Dracul, padre de Vlad el Empalador. De hecho, el sobrenombre de Vlad "Dracul" deriva en realidad de su posición como miembro de la Orden, ya que significa "dragón". Posteriormente, el propio sobrenombre de Vlad III puede leerse como "pequeño dragón" o "el hijo del dragón".

No se puede exagerar la importancia de Hungría durante los primeros años de la vida de Drácula.

El general de Segismundo, Juan Hunyadi, por ejemplo, había tenido tanta influencia en la región que fue capaz de instituir su propio voivoda en Transilvania y, tras destronar a Vlad Dracul en 1447, llegó a referirse a la capital de la Valaquia contemporánea, Târgoviște, como su ciudad. La influencia de Hunyadi había sido fuerte incluso dentro de la propia Hungría. Como regente del joven Ladislao V el Póstumo, hijo menor de edad del difunto Alberto II de Alemania, que había sido el heredero legítimo del difunto Segismundo de Luxemburgo, Hunyadi había disfrutado de una vida de absoluto privilegio y era uno de los hombres más ricos de la región en aquella época, más rico incluso que algunos gobernantes contemporáneos. El pueblo había admirado tanto a Hunyadi que, no mucho después de su muerte, su hijo Matías Corvino fue declarado rey, tras una sangrienta rebelión que hizo huir de Hungría al joven rey Ladislao, quien murió inesperadamente poco después. El propio Corvino sería decisivo en la vida adulta de Vlad el Empalador, como enemigo y como aliado.

Naturalmente, esto no es más que una breve reseña de algunos de los principales actores entre los estados balcánicos de la Baja Edad Media, y no hace más que arañar la superficie del panorama político de la época. Otros países, como Bulgaria, Albania, Zeta, la República de Ragusa (la actual Dubrovnik, en Croacia), la República de Venecia y los territorios semiindependientes croata y esloveno también desempeñaron un papel vital a lo largo del siglo, pero abarcarlo todo exigiría escribir otro libro entero.

Pero a partir de estos ejemplos simplificados, podemos ver claramente lo enrevesado que fue el panorama político balcánico durante estos tiempos turbulentos. Si incluyéramos las relaciones religiosas entre los países, su situación económica, su vida cotidiana, las grandes batallas, la formación de alianzas y sus rupturas, etc., este libro no tendría fin.

Y también hay que tener en cuenta que la mayoría de las fuentes contemporáneas de que disponemos son a menudo incompletas, contradictorias o directamente inventadas.

Naturalmente, la propia Valaquia era igual de complicada, lo que hizo que la ascensión o ascensiones de Vlad al trono fueran bastante emocionantes, pero igualmente enrevesadas y peligrosas.

Infancia y cautiverio de Vlad bajo los otomanos

De niño, a Vlad le enseñaron probablemente lo mismo que a sus hermanos Mircea y Radu. A una edad temprana, debía ser un hábil jinete, espadachín y tirador; el conocimiento de varios idiomas era imprescindible, sobre todo en una región tan diversa como la península balcánica, así como el conocimiento de varias escrituras diferentes como el latín y el cirílico. Además, estaba la cuestión de la fe.

. . .

Con los otomanos musulmanes invadiendo lentamente los estados balcánicos, era de vital importancia que prevaleciera el cristianismo. Sin embargo, Valaquia era un país ortodoxo, mientras que Hungría, que era el señor de Valaquia, era católica. Es más que probable que Mircea, el hermano mayor de Vlad, fuera bautizado en una iglesia católica, pero la historia no está del todo segura sobre Vlad y Radu. Lo más probable es que fueran bautizados en secreto en una iglesia ortodoxa de Valaquia, pero el propio Vlad se convertiría al catolicismo unos años antes de su muerte, lo que hizo para demostrar su lealtad a la Corona húngara y recuperar (y conservar) su título de voivoda de Valaquia.

A la edad de once años, el joven Vlad ya había aprendido varios oficios, como justas, esgrima, natación, etiqueta en la corte, tiro con arco y equitación. Según todos los indicios, era un aprendiz rápido y dotado, que adquirió todas las habilidades necesarias para un monarca balcánico a una edad temprana. Sin embargo, los primeros años de la adolescencia de Vlad resultarían difíciles, sobre todo debido a los manejos de su padre. Durante el reinado de Segismundo, Vlad II había sido aliado de los húngaros, llegando a relacionarse con algunas de las figuras más destacadas de la nobleza húngara, entre ellas Juan Hunyadi en sus primeros años. Incluso en aquellos días,

Hunyadi era un astuto estratega y un favorito entre las comunidades cristianas, a pesar de ser un hombre nacido en la baja nobleza y procedente de Valaquia (aunque hay fuentes contradictorias sobre sus orígenes, la mayoría de los estudiosos consideran a la familia Hunyadi como étnicamente valaca/rumana). Cuando Vlad II ascendió al trono, Hunyadi ya estaba al servicio del difunto déspota serbio Stefan Lazarević y desde entonces había sido uno de los jefes militares más eficientes de Segismundo. Una de las muchas razones por las que Hunyadi era tan eficaz era su lealtad inquebrantable a la fe cristiana y su deseo de defender el cristianismo a toda costa, un rasgo que acabaría enemistándolo con Vlad II e iniciando una cadena de acontecimientos que afectaría al joven Vlad III.

Como gobernante, Vlad II había sido enemigo de los otomanos durante el reinado de Segismundo, pero tras la muerte del rey húngaro en 1437, firmó una alianza con el sultán turco Murad II, acordando pagarle un tributo anual de 10.000 ducados y prestarle ayuda militar. Este acto en nombre de Vlad II estaba en contradicción directa con sus obligaciones para con la Orden del Dragón, cuyo nombre seguía utilizando. En aquel momento, el esfuerzo cristiano unido quería emprender otra cruzada contra los otomanos, pero la muerte de Segismundo había provocado una crisis sucesoria.

. . .

Varios gobernantes reclamaron el trono y lo ocuparon durante poco tiempo, entre ellos Alberto II de Alemania, que gobernó unos dos años antes de morir de disentería mientras se preparaba para una cruzada; el infante Ladislao el Póstumo, con su madre Isabel de Luxemburgo (la única hija superviviente del rey Segismundo) como regente; y el rey polaco Władysław III, miembro de la dinastía jagellónica. Władysław fue coronado en 1440 y contó con el apoyo de Hunyadi, pero Ladislao fue nombrado su sucesor en caso de que muriera sin descendencia. Un año más tarde, tras haber asegurado en cierta medida el trono húngaro y apaciguado un poco la crisis sucesoria, Hunyadi visitó a Vlad II en Târgovişte en 1441. Y aunque se le recordó severamente que su lealtad debía estar con la Orden del Dragón y la causa cristiana, Vlad II se negó a poner fin a sus relaciones con los turcos. Sin embargo, curiosamente, al principio sólo había sido un aliado poco entusiasta del sultán. Cuando los turcos entraron en Valaquia para invadir Transilvania, Vlad II se mantuvo neutral y se limitó a dejarles pasar. Esta acción resultó en una humillante derrota de los turcos y puso aún más en duda la lealtad del voivoda de Valaquia a Murad II. No ayudó en nada el hecho de que otros príncipes locales escribieran al sultán advirtiéndole de que no confiara en Vlad, entre otros gobernantes.

En algún momento entre 1442 y 1443, Murad II decidió actuar según sus sospechas e invitó tanto a Vlad II como a Đurađ Branković a su corte. El déspota serbio evitó astutamente acudir, pero el voivoda valaco se dispuso a ver al sultán en la ciudad de Galípoli, llevándose consigo a sus dos hijos menores y dejando a su heredero mayor, Mircea, para gobernar durante su ausencia. Para el joven Vlad y el aún más joven Radu, este viaje sería uno de los acontecimientos más traumáticos de sus vidas. A su llegada a Galípoli, el voivoda y sus hijos fueron encadenados.

Vlad II fue encerrado en el calabozo de la ciudad, pero sus hijos fueron enviados a Eğrigöz (actual Doğrugöz, en Turquía), una lúgubre fortaleza de montaña. Los tres acabarían en Adrianópolis, la capital otomana (actual Edirne), en la corte del sultán. Menos de un año después de su captura, Vlad II tuvo que volver a jurar lealtad a la corte turca, tanto sobre la Biblia como sobre el Corán, pero esta vez el tributo fue algo más que unos "meros" 10.000 ducados. Además del dinero, Vlad II debía enviar al menos 500 jóvenes bajo el sistema de Devshirme y, lo que es más importante, tanto el joven Vlad como Radu debían permanecer como rehenes en la corte del sultán. De este modo, el soberano otomano podía castigar directamente a Vlad II si no cumplía con su tributo.

Por supuesto, el trato que Murad II impuso a Vlad II ofrecía también algunas obligaciones por parte del sultán.

Mientras el voivoda de Valaquia hiciera lo que se le ordenaba, los niños no sufrirían ningún daño. Además, debían recibir la mejor educación y el mejor trato, como cualquier otro hijo de un noble obediente. A los jóvenes Dracul se les enseñaba de todo, desde matemáticas teóricas hasta preceptos básicos del Corán y lógica aristotélica, así como algunas de las bellas tradiciones romanas orientales que los propios turcos heredaron. El conocimiento de la lengua turca del joven Vlad también mejoró, lo que resultaría inestimable en sus futuras hazañas. Sin embargo, los dos chicos se tomaron su cautiverio de forma muy diferente.

Ya a esa temprana edad, Vlad mostraba signos de desobediencia a sus señores turcos, a menudo arremetía contra sus maestros y recibía severos castigos por ello. Radu, sin embargo, se convirtió en uno de los favoritos de la corte.

Debido a su extraordinario aspecto, se ganó el sobrenombre de *Radu cel Frumos*, "Radu el Guapo", y se convirtió en una fuente de encaprichamiento tanto para las mujeres como para los hombres de la corte del sultán. Algunas fuentes contemporáneas mencionan incluso que el hijo de Murad, Mehmed II, trataba a Radu como a su amante. Sea como fuere, Radu demostró ser más leal a los turcos que su padre o sus hermanos, lo que volvería a ser decisivo en años posteriores, cuando Vlad III ascendió al trono (y descendió de él) en múltiples ocasiones.

Durante el cautiverio de los tres Drácula, la típica política medieval balcánica volvió a sacudir el trono de Valaquia. En un momento dado, el país estaba gobernado por la Casa unificada de Basarab, llamada así por el primer gobernante independiente de Valaquia, el voivoda Basarab I. Sin embargo, tras la muerte de Dan I, tío adoptivo de Vlad II Dracul, el trono fue sucedido por su hermanastro Mircea, conocido en la historia de Valaquia como Mircea el Viejo debido a su largo reinado y al respeto que inspiraba.

Tanto los descendientes de Dan como los de Mircea intentarían constantemente usurparse el trono unos a otros, formando dos ramas principales de la Casa de Basarab, llamadas la Casa de Dăneşti y la Casa de Drăculeşti. Y al igual que el propio Vlad el Empalador, varios gobernantes de ambas casas nobles llegarían a ascender y descender del trono varias veces a lo largo de sus vidas.

Por supuesto, una casa real rival no fue el único problema con el que los Draculs tuvieron que lidiar en vida. Es de vital importancia saber que ascender al trono en Târgovişte era algo diferente de, por ejemplo, ascender en Buda en la corte húngara, o en Constantinopla, o en cualquier otro lugar de los Balcanes. A saber, la noción de bastardía no afectaba realmente a quién se sentaría en el trono a continuación.

Muchos de los gobernantes valacos habían nacido fuera del matrimonio, a menudo de mujeres de baja cuna. En la práctica, esto significaba que literalmente cualquiera podía ascender al trono, una práctica que tenía muchos más contratiempos que beneficios. Por ejemplo, el propio Vlad II era hijo ilegítimo de Mircea, aunque consiguió gobernar el país durante varios años. Además, tuvo otros hijos además de sus tres hijos legítimos y una hija, Alexandra. Hubo un hijo bastardo llamado Mircea, del que apenas tenemos datos históricos, y otro Vlad que gobernaría Valaquia en varias ocasiones como Vlad IV Călugărul, o "Vlad el Monje".

Antes de que Vlad II regresara a su país, el trono había sido ocupado por un noble de Dăneşti, Basarab II, nieto de Dan I. Basarab había contado en realidad con el apoyo secreto de Juan Hunyadi años antes de que Vlad II fuera a visitar al sultán y fuera capturado.

Tras deponer al hijo mayor de Vlad, Mircea, en 1442, Hunyadi colocó a Basarab en el trono, pero el voivoda sólo gobernaría durante poco más de un año. A la vuelta de Vlad II a Valaquia desde los otomanos, depondría rápidamente al nuevo voivoda, aunque no disponemos de datos fiables que nos permitan saber cómo lo hizo. Teniendo en cuenta su nuevo tratado con los otomanos y una relación ya tensa con Hungría, podemos especular que el sultán podría haberle ayudado en este empeño. También sabemos que Basarab II, aunque depuesto, no fue asesinado ni sufrió ningún otro daño a manos de Vlad II, aunque no alcanzaría la prominencia hasta su muerte durante el reinado del propio Vlad el Empalador.

A finales de 1443, Hunyadi y Władysław III emprendían su llamada "Larga Campaña" contra los otomanos, una cruzada que tendría resultados devastadores para las fuerzas cristianas. En sus primeras fases, la campaña había tenido éxito; los cruzados consiguieron liberar de hecho vastas zonas de tierras serbias y búlgaras, hasta el punto de que incluso algunas de sus derrotas (como la de la batalla del paso de Zlatitsa el 12 de diciembre de, 1443, y la posterior retirada a Buda) fueron tratadas como victorias y utilizadas como propaganda pro-cristiana en la época.

Debido a estas circunstancias, Hunyadi y Władysław rechazaron abiertamente un tratado con el sultán, a pesar de que éste perseguía vehementemente las conversaciones de paz. Vlad II decidió no ayudar abiertamente a la cruzada, al igual que el déspota Branković (su hija Mara, esposa de Murad en aquel momento, fue en realidad decisiva para convencer al sultán de que pidiera la paz). Ambos gobernantes tenían fuertes lazos con los otomanos, pero la situación de Vlad II era ligeramente peor debido a sus obligaciones con la Orden del Dragón, por un lado, y a que sus hijos pequeños eran prisioneros del sultán, por otro. A pesar de intentar convencer a los cruzados de que no hicieran la guerra, Vlad II envió en 1444 un batallón de 4.000 jinetes al mando de su hijo, el depuesto voivoda Mircea II. El rey polaco Władysław murió durante la batalla, y los otomanos lo decapitaron y empalaron su cabeza en una pica como muestra de victoria. Hunyadi se retiró, pero Vlad II lo capturó y lo mantuvo prisionero durante un breve periodo de tiempo. Las razones por las que Vlad capturó a Juan Hunyadi no están del todo claras para los historiadores, pero lo liberó poco después, permitiéndole regresar a Hungría pero exigiendo a cambio un cuantioso rescate.

Vlad II permanecería en el poder hasta 1447. Se produjeron varios acontecimientos importantes que complicaron aún más sus relaciones tanto con los otomanos como con los húngaros, todos ellos relacionados con una campaña militar entre 1445 y finales de 1446.

. . .

Ayudado tanto por las fuerzas de Hunyadi como por una banda de cruzados del Ducado de Borgoña, el padre de Drácula libró algunas batallas exitosas contra los turcos, retomando algunas fortalezas importantes (como la de Giurgiu) e incluso acogiendo a 11.000 refugiados búlgaros que se rebelaron contra el sultán Murad II. En sus últimos años, Vlad II devolvería los refugiados a los otomanos y se negaría a participar en cualquier otro esfuerzo cristiano contra la abrumadora fuerza musulmana. A finales de julio de 1447, Hunyadi apoyó abiertamente a otro pretendiente al trono de Valaquia, Vladislav II de la línea Dănești. Hunyadi ordenó a los habitantes de Brașov, una ciudad importante tanto para los transilvanos como para los valacos, que prestaran su apoyo al nuevo gobernante, y el antagonismo hacia Vlad II fue en aumento. Poco después, Hunyadi invadió Târgoviște, la capital de Valaquia. Vlad II consiguió huir, pero fue capturado y asesinado, probablemente por el propio Vladislav II. El hijo mayor de Vlad, Mircea, también fue asesinado por la misma época. Según las reglas de la primogenitura, Vlad III era, con todo derecho, el sucesor al trono, ya que Mircea no tenía descendencia. Sin embargo, dado que Valaquia tenía sus propias leyes en materia de sucesión y que el general húngaro se había inmiscuido en el asunto, el trono era cualquier cosa menos seguro, independientemente de quién lo ocupara.

. . .

Primer reinado de Vlad (octubre-noviembre de 1448)

Vladislav era el gobernante títere a cargo de Valaquia, aunque, en realidad, debía responder ante Juan Hunyadi. El propio Hunyadi podría haber tenido el poder directo sobre el país durante un breve periodo de tiempo, posiblemente nombrando a Vladislav en diciembre como sucesor "legal" del difunto Vlad II. Desde el punto de vista estratégico, habría sido una jugada inteligente por parte del noble húngaro; Hunyadi no sólo contaría con la lealtad de un gobernante al que había apoyado durante meses y cosecharía los beneficios materiales de tal acuerdo (en forma de impuestos, tierras y privilegios), sino que también evitaría todos los problemas que supondría tratar con la gente común de Valaquia y los miembros de la nobleza, los llamados boyardos. Es fascinante saber que los plebeyos y los miembros de la nobleza, tanto menores como mayores, tuvieron más influencia en el actual estado de cosas gobernante de lo que la historia moderna tiende a reconocerles. Si se les provocaba o no se les satisfacía, se rebelaban, independientemente de si dichas rebeliones fructificaban o no. Transilvania y Valaquia, en particular, eran famosas por la frecuencia con la que los boyardos y los plebeyos de las principales fortalezas y ciudades (Târgovişte, Giurgiu, Chilia, Braşov, etc.) derrocaban con éxito al gobernante que consideraban indigno. Tampoco ayudaba el hecho de que los distintos pretendientes (legítimos o no, valacos/transilvanos o forasteros) tuvieran diferentes maneras de influir directamente en la opinión de los boyardos. Antes de que Vlad III subiera al trono, el sentido del derecho de los boyardos y la actitud rebelde de la plebe era un problema tan importante que incluso alguien tan poderoso como Hunyadi acabaría muerto si unas docenas de plebeyos se ofendían una tarde.

Por lo tanto, nombrar a un voivoda títere era una forma de que Hunyadi evitara todas esas molestias y mantuviera una cabeza viva sobre sus hombros. Pero había una ventaja más en el supuesto traspaso del trono de Valaquia por parte del general a Vladislav en lugar de mantenerlo él mismo. A saber, como noble húngaro que tenía la lealtad de Valaquia en el bolsillo, Hunyadi disfrutaría de importantes privilegios en la corte de Buda. En 1446, ya había sido nombrado regente del joven rey Ladislao V y era uno de los barones más ricos de Europa, pero eso no le impidió intentar extender aún más su influencia, ya que lanzó varias campañas militares seguidas, empezando por una infructuosa contra Ulrico II, conde de Celje. En agosto de 1448, Hunyadi estaba en plena guerra contra los otomanos, y quería unir sus fuerzas a las de Skanderbeg, señor contemporáneo de las tierras albanesas y uno de los más encarnizados enemigos de los turcos. Para lograr esta unificación, Hunyadi llevó una fuerza de más de 16.000 hombres a través de Serbia, cuyo déspota se mantuvo neutral pero fue considerado aliado de los turcos. Vladislav II también contribuyó a este esfuerzo militar con 8.000 soldados, pero lo más importante es que él mismo se unió a la cruzada, dejando la corte de Târgovişte totalmente abierta.

Finalmente, Hunyadi se enfrentaría a los otomanos durante la Segunda Batalla de Kosovo en septiembre de 1448, que se saldó con una derrota catastrófica y humillante para él.

Su posterior captura por el déspota serbio durante su retirada de la batalla no fue más que otro clavo en el ataúd de esta humillación, aunque, curiosamente, ni siquiera esta secuencia de acontecimientos empañó su reputación de forma significativa entre las naciones cristianas de los Balcanes. Incluso entre sus contemporáneos, el barón húngaro gozaba de un gran respeto entre los valacos, los transilvanos, los búlgaros, los serbios y los pueblos de la Corona a la que servía.

Naturalmente, todos estos acontecimientos fueron perfectos para que Vlad III entrara en la escena política balcánica en 1448. En octubre, mientras Hunyadi y Vladislav II se dirigían a luchar contra los otomanos, el joven voivoda valaco en el exilio regresó a su país y, mediante un sangriento golpe y con la ayuda de las fuerzas otomanas, se hizo con el trono en Târgoviște. Para entonces, Vlad había demostrado ser un comandante militar capaz y un líder de corazón. Ya en su primera estancia en Edirne, el joven príncipe recibió el rango de oficial del ejército turco. El sultán Murad II había considerado claramente a Vlad su opción preferida para ocupar el trono de Valaquia. Esto se debía, en gran parte, a los muchos años de "lavado de cerebro" otomano de Vlad; después de todo, había sido mantenido como prisionero en la corte real y era un valioso rehén, junto con su hermano menor, para ser utilizado como moneda de cambio contra Vlad II. Pero esas no fueron las únicas razones por las que Murad II (e incluso Mehmed II durante los primeros años de su reinado) favorecieron a Vlad.

A pesar de su comportamiento rebelde contra sus captores, el joven había demostrado ser astuto y despiadado, justo el tipo de hombre para dirigir un ejército y sentarse en el trono en nombre del sultán.

Es imposible saber lo que Vlad pensaba en ese momento.

Basándonos en sus acciones posteriores, podemos decir con seguridad que no sentía ningún amor por los turcos y que su educación tanto en Eğrigöz como en Edirne había sido vista por él como un medio estratégico para conseguir un fin: aprendería todo lo que necesitara saber sobre las tácticas de batalla otomanas y, cuando el momento fuera favorable y ocupara el trono en Târgoviște, utilizaría los métodos de guerra de los turcos contra ellos. Sin embargo, al encontrarse solo en la corte otomana y con pocos aliados reales, el príncipe tuvo que reconocer su soberanía, al menos por el momento. Durante su recuperación del trono, Vlad fue testigo de la reclamación turca de la fortaleza de Giurgiu, que permanecería bajo su dominio incluso después de su primera deposición.

Como es más o menos de esperar de la Valaquia medieval, el primer gobierno de Vlad III apenas duró un mes. Aunque la derrota de los cruzados en Kosovo había sido monumental, Vladislav II había logrado sobrevivir, al igual que una parte desconocida pero probablemente significativa de su ejército.

No podemos estimar realmente el número de supervivientes valacos, pero debieron de ser considerables, ya que el voivoda Dănești consiguió reclamar su trono cuando regresó a Valaquia en noviembre. Con su ejército, Vladislav derrotó a las fuerzas de Drácula, y el nuevo voivoda tuvo que huir al sur del río Danubio. El 7 de diciembre, la noticia de la deposición de Drácula había llegado incluso a Constantinopla; algunas de las noticias eran claramente falsas, como la muerte de Drácula por decapitación o el hecho de que había sido derrotado por Hunyadi y no por Vladislav.

. . .

Y hablando tanto de Hunyadi como de Vladislav, a finales de 1448 ambos sufrieron las consecuencias de sus recientes acciones. La captura de Hunyadi por el déspota Stefan Lazarević había sido una experiencia humillante, y no ayudó en nada que Vladislav hubiera decidido no ayudar a Hunyadi durante su retirada de Kosovo (al fin y al cabo, Vladislav seguía en tierras serbias en octubre y podría haber llegado hasta el déspota en cuestión de días). La decisión de Vladislav de recuperar Valaquia era importante desde el punto de vista político, pero su fracaso a la hora de apoyar a Hunyadi le había costado caro. Cuando Hunyadi fue finalmente liberado de la mazmorra del déspota y regresó a Valaquia, arrebató a Vladislav dos importantes territorios, a saber, Amlaş y Făgăraş. Estos asentamientos habían sido predominantemente sajones en términos demográficos, pero como feudos, habían sido el "hogar ancestral" de la dinastía Basarab, y eran igualmente importantes para ambas ramas que se disputaban el trono de Valaquia a finales del siglo 15.

Al arrebatárselos a Vladislav pero mantenerlo en el poder, Hunyadi humilló al voivoda y, al mismo tiempo, demostró cuánta influencia podía seguir ejerciendo incluso después de una gran derrota.

. . .

El exilio de Vlad

Vlad había huido en un principio a la corte otomana de Edirne. La historia no sabe mucho de este breve periodo, pero muy pronto, el depuesto voivoda valaco se trasladaría de nuevo, esta vez como invitado a la corte de Bogdan II de Moldavia. Como ya se ha mencionado, las dos tierras siempre habían tenido una forma de parentesco: ambas hablaban la misma lengua, eran en gran medida homogéneas en cuanto a religión, sus familias reales se habían casado varias veces y se habían apoyado mutuamente durante acontecimientos cruciales como guerras, destronamientos y destronamientos. Y aunque no siempre estaban de acuerdo (algo que veremos en capítulos posteriores), sus relaciones se habían mantenido estables en gran medida, incluso décadas después de la muerte de Vlad el Empalador.

El voivoda depuesto tenía razones personales muy sólidas para refugiarse en la corte moldava. Por ejemplo, la hermana de Bogdan II era su segunda esposa. La propia esposa de Bogdan, la princesa Oltea, era de origen valaco y probablemente miembro de la dinastía Basarab.

También era la madre de Esteban el Grande, que estuvo en la corte de Bogdan y que entablaría una estrecha amistad con Vlad el Empalador. Por último, el propio Bogdan tenía una razón válida para recibir a Vlad en su corte, en lo que se convertiría en la actual ciudad de Suceava. Durante el reinado de Vlad II, Bogdan tuvo que refugiarse en la corte de Târgoviște. Se desconoce el motivo de este suceso, pero es más que probable que se tratara de una lucha por el trono moldavo. El propio Bogdan sería asesinado por Petru Aron, hijo bastardo del padre de Bogdan, Alejandro el Bueno, en 1451. Con un nuevo gobernante hostil en el trono moldavo, Vlad tuvo que huir de nuevo, encontrando refugio con el viejo enemigo de su padre, el propio Juan Hunyadi. Su plan era que Hunyadi le ayudara a recuperar el trono, a lo que el noble húngaro se negaría en un principio. Sin embargo, aunque su reinado inicial había terminado en una serie de reveses, esto no era más que el principio para Vlad III. Muy pronto, toda Europa conocería su nombre.

2

El hijo del caballero dragón y sus muchos nombres

El apellido de Vlad III "Drăculea" significa "hijo del dragón". Proviene del título de su padre, "Dracul", que, a su vez, procedía de su pertenencia a la Orden del Dragón. Una orden caballeresca fundada por el emperador del Sacro Imperio Romano Germánico Segismundo (14 de febrero de 1368 - 9 de diciembre de 1437) en 1408, cuya misión era luchar contra "los enemigos de la cristiandad", concretamente el Imperio Otomano. Vlad II ingresó en la orden en 1431, poco después del nacimiento de su hijo, Vlad III. El título era hereditario, y algunas fuentes afirman que Vlad III también ingresó en la Orden de niño. Era un nombre que Vlad III adoptó; tenemos varios documentos oficiales que firmó como "Drakulya". Las traducciones y transliteraciones del nombre a lo largo del tiempo acabaron evolucionando hasta el familiar "Drácula".

. . .

Aunque la Orden del Dragón es el origen del apellido Vlad III, el término tiene otras definiciones.

En la Edad Media, la palabra "dracul" significaba "dragón", derivado de la palabra latina "draco". En rumano, el término puede tener poderosas connotaciones oscuras; si éstas eran conocidas y el juego de palabras enfatizado por Vlad III o no, no lo sabemos; puede ser simplemente una interesante coincidencia. Por ejemplo, en rumano moderno, la palabra "dracul" significa "diablo" o "demonio", y en rumano antiguo "drac" significa "serpiente".

El nombre de Vlad el Empalador, o Vlad Ţepeş en rumano, le fue dado tras su muerte, en referencia a su método preferido de ejecución: el empalamiento. Apareció por primera vez en una publicación panfletaria de 1499. Este panfleto y las numerosas ediciones que le siguieron fueron éxitos de ventas, llenos de historias espeluznantes sobre su crueldad y el gran número de personas que despachó. En 1500, el escritor otomano Tursun Beg lo llamó "Kazikli Voyvoda", que en turco significa "Príncipe Empalador" o "Señor Empalador". Los panfletos también se refieren a él con el nombre de "Drácula".

Historia familiar de la realeza valaca

. . .

En Valaquia, la corona no pasaba automáticamente de padre a hijo, sino que el gobernante era elegido por los boyardos (nobles de alto rango).

Como cabe imaginar, una monarquía electiva era terreno abonado para la inestabilidad, las intrigas constantes, las conspiraciones y los asesinatos. También había luchas de poder entre el príncipe y la nobleza por el control del principado, como era habitual en todos los estados feudales.

El único requisito era que el potencial príncipe tuviera algo de sangre basarab ("*os de domn*", que significa "*de huesos voivode*" o "*de médula voivode*"). Esto incluía a los hijos nacidos fuera del matrimonio, ya que la mayoría de los nobles tenían amantes por norma. La familia Basarab había desempeñado un papel importante en la independencia del Principado de Valaquia del Reino de Hungría. A principios del siglo XV, la Casa Basarab se dividió en dos facciones: los descendientes de Mircea el Viejo, abuelo de Vlad III (facción Drăculeşti), y los del príncipe Dan II (facción Dăneşti).

El padre de Vlad III, Vlad II Dracul (1395-1447), era hijo ilegítimo de Mircea el Viejo (1355-1418), un poderoso príncipe de los primeros tiempos de Valaquia. Vlad II se unió a la corte de Segismundo de Luxemburgo, rey de Hungría y emperador del Sacro Imperio Romano Germánico, una alianza que le ayudaría a conseguir el principado de Valaquia. En 1431 fue iniciado en la Orden del Dragón (Societas Draconis en latín), junto con gobernantes de Polonia y Serbia. La Orden y sus miembros se encargaban de proteger Europa Oriental y el Sacro Imperio Romano Germánico de las campañas de expansión islámica del Imperio Otomano.

Vlad II estaba orgulloso de su condición de Caballero del Dragón, y lucía el símbolo de la Orden, un dragón, en sus ropas, banderas y otros objetos visibles al público.

Hay poca información sobre la identidad de la madre de Vlad III. La mayoría de las fuentes indican que probablemente era pariente del príncipe moldavo Alexandru cel Bun (Alejandro el Bueno), probablemente su hija Cneajna (o Vasilisa o Maria Muşat). El nieto de Alejandro el Bueno, Esteban el Grande, era primo de Vlad III y ambos unieron sus fuerzas para ayudarse mutuamente a reclamar el trono en sus respectivos países.

Vlad III tuvo tres hermanos. El mayor era Mircea II (1428-1447), llamado así por su abuelo, Mircea cel Bătrân (Mircea el Viejo). El menor, Radu (1437/39 - 1475) era conocido como Radu cel Frumos (Radu el Guapo). El tercer hermano de Vlad III era un medio hermano de una de las amantes de su padre llamado Vlad IV (1425-1495), también conocido como Vlad Călugărul (Vlad el Monje).

Desconocemos el nombre de la primera esposa de Vlad III. Pero sí sabemos que era una noble valaca y que murió en 1462, durante una batalla contra los turcos. Según la leyenda, el castillo de Vlad III, Poienari, fue rodeado por el ejército otomano, dirigido por el hermano de Vlad III, Radu el Hermoso. La esposa de Vlad III saltó desde la torre del castillo al río Argeş, que fluía junto al castillo.

Gritó que prefería ser devorada por los peces del Argeş que capturada y torturada por los turcos. Antes de su dramática muerte, ambos tuvieron un hijo, Mihnea (1460-1510), también conocido como Mihnea cel Rău (Mihnea el Malo).

Mihnea gobernó Valaquia durante un solo año, de 1508 a 1509. Al igual que su padre, Mihnea recibió el apodo de ***"el Malo"*** o ***"el Maligno"*** por parte de sus enemigos políticos, la facción de boyardos Craioveşti. Gavril Protul, miembro de la facción, monje e historiador de la época, escribió:

"En cuanto Mihnea empezó a gobernar, abandonó enseguida su piel de cordero y se tapó los oídos como un áspid... Hizo prisioneros a todos los grandes boyardos, los hizo trabajar duramente, confiscó cruelmente sus bienes e incluso se acostó con sus mujeres en su presencia. A algunos les cortó la nariz y los labios, a otros los ahorcó y a otros los ahogó".

El conflicto con los Craioveşti continuó hasta 1510, cuando Mihnea fue apuñalado a la salida de la iglesia católica romana de Sibiu por Dimitrije Iakšić, un serbio contratado por los Craioveşti. Mihnea fue enterrado en la iglesia de Sibiu, donde yace hoy.

Vlad III se volvió a casar en 1475 con Justina Szilágyi, prima de Matías Corvino, rey de Hungría.

(Algunos estudiosos dicen que se llamaba Ilona.) Tuvieron dos hijos: Vlad Tepelus, fallecido en 1508, y Mircea, muerto en 1486. Algunas fuentes afirman que la pareja también tuvo una hija llamada Zaleska. Vlad III tuvo un hijo con una amante a la que llamó Radu, que también murió en 1508.

3

Nacido bajo el signo del escorpión

PERO POSIBLEMENTE VLAD III nació en Sighişoara, Transilvania, hacia 1431. Algunas fuentes dicen que nació "*bajo el signo del escorpión*", por lo que su cumpleaños fue, tal vez, en noviembre. Su padre, Vlad II Dracul, aún no era príncipe de Valaquia en aquella época; su primer reinado comenzaría en 1436. Vlad II se encontraba en Transilvania en 1431 porque había sido expulsado de Valaquia por unos boyardos pro-otomanos que apoyaban a un rival para voivoda.

En 1431, Vlad II fue iniciado en la Orden del Dragón en Núremberg. Algunas fuentes afirman que, en 1436, su hijo Vlad III también ingresó en la Orden del Dragón a la tierna edad de cinco años. Con el apoyo de la Orden, Vlad II se convirtió en príncipe de Valaquia en 1436 tras la muerte de su hermanastro Alejandro I Aldea.

. . .

Aunque Alejandro I gobernó durante una época especialmente peligrosa, en la que los gobernantes eran asesinados regularmente por el trono, se cree que simplemente murió de enfermedad, ya que no hubo historias ni rumores sobre un asesinato.

Vlad II Dracul gobernó inicialmente Valaquia de 1436 a 1442. En la década de 1400, Valaquia, Transilvania y Moldavia (que hoy componen la actual Rumanía) estaban situadas geográficamente en medio de una intensa lucha de poder. El reino de Hungría, el Imperio cristiano, estaba al norte. Al sur estaba el Imperio Otomano; los turcos islámicos habían conquistado gran parte de los Balcanes. Vlad II Dracul intentó gestionar sus alianzas con ambas potencias, oponiendo campañas tanto contra los otomanos como contra Hungría. En 1437, bajo presión, juró servir al sultán, Murad II. Cuando Juan Hunyadi se hizo más fuerte en Hungría, Vlad II cambió discretamente su lealtad hacia una postura más neutral. La resistencia de Vlad II a crear una alianza firme con uno u otro Imperio atrajo la ira de ambos vecinos.

A pesar del inestable clima político que les rodeaba, los hijos de Vlad II Dracul fueron criados y educados como los miembros de la realeza que eran. El historiador bizantino Dukas escribió que Vlad III y sus hermanos recibieron una educación que incluía equitación, entrenamiento para el combate, etiqueta cortesana, latín y otros idiomas, así como matemáticas.

El hermano mayor, Mircea II, fue preparado por Vlad II para convertirse en su sucesor. Mircea tenía fama de valiente y leal.

En 1442, Murad II, el sultán otomano, exigió a Vlad II Dracul que viajara para rendirle homenaje. Vlad II nombró a su hijo Mircea II príncipe de Valaquia durante su viaje. También llevó consigo a sus dos hijos, Vlad III y Radu el Hermoso. Durante este viaje, Hunyadi acusó a Vlad II de colaborar con los otomanos en su contra y atacó Valaquia, derrotando al ejército otomano y sustituyendo a Vlad II por Basarab II. Mircea II se vio obligado a huir y esconderse.

El joven Vlad III retenido como rehén por el sultán

Vlad II recuperó el trono de Valaquia en 1443 con la ayuda de los turcos, pero la ayuda del sultán tuvo un precio. Vlad II sabía que no podría conservar el trono frente a Hungría sin el apoyo del Imperio Otomano. Una vez más, bajo una presión considerable, firmó un tratado por el que se comprometía a pagar el tributo anual que exigía el sultán.

Además, dejaría a sus dos hijos, Vlad III y Radu, entonces de once y siete años, como rehenes para asegurar su lealtad al sultán. Con esto, Vlad II Dracul regresó a su reinado en Valaquia.

Los chicos fueron retenidos primero en la fortaleza turca de Egrigöz, luego en Adrianópolis y por último en Bursa, donde permanecieron con el sultán. Aunque eran rehenes, Vlad III y su hermano Radu seguían perteneciendo a la realeza y continuaron su educación real junto al hijo del sultán, Mehmed II. Como es de imaginar, a Vlad III no le gustaba que lo dejaran prisionero y era castigado y azotado con frecuencia, ya que solía ser testarudo y grosero. Sin embargo, a pesar de su actitud desafiante, Vlad III era un estudiante aplicado; su inmersión en la cultura del Imperio Otomano le sería muy útil.

Vlad III y Radu probablemente fueron educados como jenízaros, una fuerza especial de élite que a menudo servía como guardaespaldas del sultán. Se les enseñaba lógica, turco y el Corán, equitación y a luchar con espadas y arcos cortos. La formación de todo noble incluía también estrategia militar; los otomanos utilizaban el empalamiento y otras tácticas de guerra psicológica para infundir miedo a sus enemigos. Mantener a los niños como rehenes no sólo era una forma de imponer alianzas inestables, sino también una oportunidad para adoctrinar a los posibles futuros gobernantes de Valaquia con la cultura y las ideas otomanas.

El Imperio Otomano no suscribía que el trono pasara de padres a hijos. Más bien, no defendían al hijo mayor, sino al "*más apto*". Mehmed II, compañero de escuela de Vlad III y Radu, se convirtió en sultán en 1444, a la edad de 12 años. En ese momento, la mitad de los hermanos de Mehmed II estaban muertos. Su padre Murad II retomó el trono desde 1444 hasta 1451. En 1477, cuando Mehmed II era sultán, promulgó una ley que permitía al hermano gobernante dar muerte a sus otros hermanos para reducir las luchas internas por el control. Durante su estancia como rehén, Vlad III se enemistó tanto con Radu como con Mehmed II, el futuro sultán. También estaba enfadado con su padre por abandonarlo en manos de los turcos y faltar al juramento que hizo con la Orden del Dragón de luchar contra ellos.

El fracaso de la Cruzada de Varna: 1444

. . .

En noviembre de 1444 se libró una de las últimas batallas de las Cruzadas en las afueras de la ciudad de Varna, en Bulgaria. El sultán Murad II condujo a su fuerza de unos 55.000 soldados al triunfo sobre un ejército de unos 25.000 soldados cristianos dirigidos por Ladislao III de Polonia. Ladislao III murió en la batalla. Es probable que el fracaso de la Cruzada de Varna provocara la caída de Constantinopla en manos de los turcos en 1453.

Vlad II Dracul había apoyado a Ladislao, rey de Polonia, frente al Imperio Otomano en la Cruzada de Varna. Vlad II Dracul dio por muertos a sus hijos debido a esta alianza, escribiendo al Senado de Brasov en 1444: "Dejé que masacraran a mis hijos pequeños por la paz de los cristianos".

Pero el sultán no mató a ninguno de los dos, y en 1446 Vlad II Dracul había vuelto a firmar la paz con el sultán.

4

La muerte de Vlad II Dracul: El padre de Vlad III

En 1447, Juan Hunyadi, regente-gobernador de Hungría, invadió Valaquia en noviembre para castigar a Vlad II Dracul por haber establecido de nuevo una alianza con el Imperio Otomano. En un principio, Vlad II Dracul escapó a caballo, pero en diciembre fue capturado en los pantanos cercanos a Bălteni por un clan rival (los Dăneşti) al que Juan Hunyadi había prometido el trono de Valaquia. La mayoría de las fuentes afirman que Vlad II fue decapitado. Otra dice que fue asesinado por "***scalping***", que consistía en cortar alrededor de la cara y pelar la piel mientras la persona aún estaba viva. Vladislav II, hijo del primo de Vlad II Dracul, Dan II, asumió el cargo de voivoda de Valaquia.

La muerte de Mircea II: el hermano mayor de Vlad III

. . .

En octubre de 1444, Vlad II Dracul había intentado convencer a Ladislao III, rey de Polonia y Hungría, de que abandonara la Cruzada de Varna. El historiador polaco Callimachus informó de que Vlad II no pudo convencer al rey de que cambiara de opinión y regresó a Valaquia. Mientras viajaba, dejó a su hijo Mircea II como príncipe al mando de un pequeño regimiento de 4.000 soldados. Mircea II y sus soldados lucharon en la batalla de Varna el 10 de noviembre de 1444, pero fueron derrotados.

Mircea II era un hábil comandante y logró reconquistar la fortaleza de Giurgiu en 1445. Sin embargo, poco después de esa victoria, Vlad II Dracul firmó un nuevo tratado con el sultán que le concedía la fortaleza a cambio de mantener a salvo a Vlad III y Radu. Vlad II también necesitaba el apoyo del Imperio Otomano para mantener a raya a Juan Hunyadi y a los húngaros. Sin embargo, la paz no duró mucho y, en noviembre de 1447, Hunyadi volvió a atacar Valaquia.

Mientras su padre era perseguido y asesinado en los pantanos, Mircea II fue capturado por los boyardos de Tîrgovişte. Fue brutalmente asesinado: primero lo cegaron con estacas de hierro candente y luego lo enterraron vivo.

La historia de Radu el Hermoso: el hermano menor de Vlad III

El hermano menor de Vlad III, Radu el Hermoso, recibía un trato preferente en la corte del sultán. Mientras Vlad III, Radu y Mehmed II crecían juntos, el futuro sultán se encaprichó de Radu.

El historiador bizantino de Atenas, Chalkokondyles, relató que cuando Mehmed II le hizo una proposición, Radu le apuñaló en el muslo. Después se subió a un árbol y se negó a bajar hasta que el propio Mehmed II le garantizó que no sería castigado. Es evidente que Mehmed II le perdonó, ya que Radu estaría al lado de Mehmed II cuando éste dirigió el ejército otomano en 1453 para conquistar Constantinopla.

Algunas fuentes afirman que Radu se convirtió al Islam, pero a pesar de ello, a la edad de 22 años se convirtió en una figura importante en la corte del sultán. A lo largo de su vida, Radu rivalizó con su hermano Vlad III, al que acabó sustituyendo en el trono de Valaquia con el apoyo de los turcos. Más tarde, Radu se casó con una princesa serbia y su hija con Esteban el Grande, soberano de Moldavia.

No hay acuerdo sobre la fecha exacta o la causa de la muerte de Radu, aunque ocurrió en algún momento entre 1475 y 1476. Algunas fuentes afirman que murió de sífilis; otras, que fue asesinado por Esteban III. Cuando murió era el soberano de Valaquia, y Basarab ocupó el trono a su muerte. (Aunque Vlad III le arrebató el trono en 1476).

La historia de Vlad IV el Monje: hermanastro de Vlad III

Vlad el Monje era elegible para el trono de Valaquia, a pesar de haber nacido de una de las amantes de Vlad II Dracul. Vivió en Transilvania y siguió una carrera religiosa durante gran parte de su vida. Se convirtió en príncipe de Valaquia en 1482.

Nada hace pensar que su muerte se debiera a otra causa que la vejez, una rareza en la historia del trono de Valaquia. Con el apoyo de Esteban III de Moldavia, logró gobernar hasta su muerte en 1495. Su hijo, Radu cel

Mare (Radu el Grande), subió al trono tras la muerte de Vlad el Monje. Radu el Grande gobernó hasta su muerte en 1508, tras la cual el hijo de Vlad III, Mihnea el Malo, se convirtió en voivoda.

5

Primer reinado a los 17 años: 1448

TRAS LOS BRUTALES asesinatos de su padre, Vlad II Dracul, y de su hermano mayor, Mircea II, Vlad III fue propuesto como voivoda por los turcos, que invadieron Valaquia para apoyar su gobierno. En aquel momento tenía 17 años.

Un oficial jenízaro de origen serbio describió el suceso: "Al enterarse de la muerte del príncipe de Valaquia, el Emperador turco hizo regalos a su hijo mayor: dinero, caballos, joyas, tiendas como corresponde a un gobernante y lo envió a Valaquia para que gobernara en lugar de su padre con la condición de que rindiera homenaje todos los años y pagara tributo como su padre. Y al segundo hijo [Radu], hermano de éste, el Emperador lo mantuvo en su corte".

. . .

Los turcos no enviaron apoyo adicional una vez que Vlad III se convirtió en príncipe. Sin la ayuda de sus anteriores captores, Hunyadi invadió Valaquia y Vlad III fue derrocado. Los húngaros reinstalaron a Vladislav II, primo lejano de Vlad III, que gobernó hasta 1456. Vlad III gobernó sólo dos meses. Huyó a Adrianópolis, donde fue protegido por los turcos.

Nuevas alianzas con viejos enemigos

Vlad III se trasladó entonces al principado de Moldavia y a la corte de su tío materno, Bogdan II. Continuó su educación con su primo, el príncipe Esteban, que más tarde gobernaría como Esteban el Grande. Es probable que recibieran clases de escribas de la cancillería y de monjes cultos.

Moldavia se beneficiaba de la afluencia de arte y enseñanzas traídas por el Renacimiento de Italia, que viajó a través de Polonia y Hungría.

En junio de 1450, Vlad III y Esteban lucharon junto a Bogdan II contra el ejército polaco en Crasna, lo que les proporcionó una valiosa experiencia militar. Vlad III permaneció en Moldavia desde diciembre de 1449 hasta octubre de 1451.

En octubre de 1451, Bogdan II fue asesinado por su propio hermano, Petru Aaron, líder de una facción rival. Vlad III y Esteban huyeron a Transilvania en busca de protección.

El húngaro Hunyadi sabía que Vlad III estaba allí y exigió en repetidas ocasiones a los boyardos que no le dieran asilo. Hunyadi incluso contrató a un asesino para matar a Vlad III, pero éste siempre conseguía escapar. Hunyadi, que había apoyado la investidura de Vladislav II como voivoda, se enemistó con él. Vladislao II envió un emisario para felicitar al nuevo sultán, Mehmed II, por la conquista de Constantinopla en 1453, reviviendo la conocida política exterior valaca de intentar aplacar a ambos poderosos vecinos sin conocimiento del otro.

Se organizó una reunión entre Vlad III y Hunyadi para discutir una alianza. Hunyadi quedó impresionado por los amplios conocimientos de Vlad III sobre la cultura del Imperio Otomano, su fluido turco y su comprensión de sus estrategias militares. El odio de Vlad III hacia el nuevo sultán Mehmed II también era positivo a ojos de Hunyadi. Hunyadi creía que el hermano de Vlad III, Radu, que seguía en la corte del sultán, también podría serle de ayuda.

. . .

Hunyadi contrató inicialmente a Vlad III como consejero.

En última instancia, propondría a Vlad III como candidato del Reino de Hungría al trono de Valaquia.

En 1456, Hunyadi invadió Serbia para expulsar a los turcos, mientras Vlad invadía simultáneamente Valaquia.

En junio, cuando Vlad III y su ejército atravesaban los Cárpatos, el cometa Halley sobrevoló la región. El erudito Bartolomeo Platina describió el acontecimiento en su obra Vidas de los Papas: "Una estrella peluda y ardiente hizo su aparición durante varios días, los matemáticos declararon que seguirían graves pestes, escasez y alguna gran calamidad. Calixto, para evitar la ira de Dios, ordenó suplicas para que, si se avecinaban males para la raza humana, se volviera todo contra los turcos, los enemigos del nombre cristiano.

Asimismo ordenó, para conmover a Dios con continuas súplicas, que se diera aviso por medio de las campanas para llamar a los fieles a mediodía para que ayudasen con sus oraciones a los que estaban empeñados en la batalla contra el Turco."

. . .

A finales de julio de 1456, Vladislav II murió en los combates. La leyenda cuenta que murió en un combate cuerpo a cuerpo con Vlad III Drácula, que lo descuartizó. En agosto de 1456, Vlad III había capturado el trono de Valaquia en Târgovişte y Hunyadi había muerto a causa de la peste que azotaba a los ejércitos enfrentados.

6

Reinado principal: 1456-1462

La mayoría de los aficionados a la historia tienen idea de que algunos de los monarcas más conocidos tuvieron largos reinados que duraron décadas. Y aunque a lo largo de la historia de la humanidad hubo personas que gobernaron durante períodos excepcionalmente largos, la mayoría de ellos sólo gobernaron unos pocos años. De hecho, algunos apenas duraban más de un mes. Seamos un poco más concretos y utilicemos a los gobernantes medievales que hemos mencionado hasta ahora para ilustrarlo. Bogdan II de Moldavia, aliado de los dráculas, gobernó poco más de dos años. Ladislao V el Póstumo, aunque oficialmente se le reconoce como gobernante desde su nacimiento en 1440, en realidad no subió al trono de forma independiente hasta 1452, lo que significa que gobernó durante unos cinco años.

. . .

Y aunque Vladislav II gobernó técnicamente durante nueve años en total, su primer reinado (antes de que Drácula se hiciera con el trono) apenas duró un año.

El propio padre de Vlad, Vlad II Dracul, gobernó Valaquia durante un total de diez años, repartidos en dos reinados. Su predecesor, Alejandro I Aldea, sólo había sido voivoda durante cinco años. El hijo del déspota Đurađ Branković, Lazar, gobernó el déspota después de su padre durante aproximadamente dos años y fue seguido por su primo Stefan, que sólo gobernó durante catorce meses.

Con tantos ejemplos de reinados breves, que parecían ser tan frecuentes como las guerras y revueltas locales, no es de extrañar que el periodo más largo y notable de Vlad III en el poder durara poco más de seis años. Si se compara con algunos de los gobernantes más prestigiosos de Valaquia y Moldavia, como Mircea I el Viejo (que gobernó un total de 29 años) y Esteban III de Moldavia, también conocido como Esteban el Grande (que gobernó la asombrosa cifra de 47 años), este gobierno concreto de Vlad III parece casi insignificante en comparación. Sin embargo, fue durante estos años cuando Vlad se consolidó como un poderoso actor político que no temía utilizar cualquier medio necesario para lograr sus objetivos y aportar algo de estabilidad a su tierra.

. . .

Acontecimientos que condujeron al Segundo Reinado

Desconocemos el curso exacto de los acontecimientos que llevaron a Vlad el Empalador al trono de Valaquia.

Sin embargo, podemos reconstruir con seguridad lo que había sucedido en los pocos años anteriores. Durante su exilio en Moldavia, Vlad comenzó a reparar sus relaciones con la Corona húngara; más concretamente, se esforzaba por caer en gracia a Juan Hunyadi.

No era una tarea fácil en aquella época. El reino húngaro estaba tan ávido de territorio e influencia en Valaquia como el Imperio Otomano. Lo que les convertía en una amenaza casi mayor que los turcos era su proximidad; Valaquia y Hungría eran literalmente estados vecinos, mientras que toda Bulgaria, Serbia y lo que quedaba del Imperio Romano de Oriente se interponían entre la tierra de Vlad y los otomanos. Además, gracias a los esfuerzos tanto de la actual clase política de Buda como de los gobernantes activos en tiempos de Vlad II, los nobles húngaros podían reclamar legítimamente grandes extensiones de territorio en Valaquia. Además, se casarían entre ellos y tendrían descendencia con derechos hereditarios sobre cualquiera de las tierras. De hecho, Hungría se encontraba en la misma situación que la monarquía de los Habsburgo, es decir, los austriacos, sólo unos siglos más tarde.

En cierto sentido, Vlad III estaba un poco acorralado debido a esta situación con Hungría; rechazarlos de plano no sería una opción, ya que Hunyadi no sólo se negaría a ofrecer ayuda en caso de que los otomanos quisieran invadir el voivoda, sino que también podrían muy bien atacar la propia Valaquia.

Sin embargo, la decisión de Vlad de aliarse más estrechamente con el reino húngaro fue en realidad un movimiento político prudente. La mayoría de los rivales y pretendientes al trono de su padre, nacido en Dăneşti, contaban con ayuda exterior, y el 90% de las veces era el rey húngaro quien se la proporcionaba. Por lo tanto, Vlad se limitaba a utilizar las tácticas de sus enemigos contra ellos, y lo hacía de forma preventiva.

A pesar de las muestras de buena voluntad de Vlad hacia Hunyadi, el barón húngaro no declaró de inmediato (y abiertamente) su apoyo. Después de todo, el padre de Vlad aún estaba fresco en la memoria del barón, y apoyar a su hijo de sangre caliente y astuto podría haber acabado siendo contraproducente para Hungría. Había un aura general de desconfianza, que no era injustificada por parte de Hunyadi; inmediatamente después de subir al trono, Vlad emprendería acciones que perjudicarían a la economía húngara y tensarían aún más sus relaciones.

Sin embargo, el propio Hunyadi también procedió con algunos pasos que asegurarían la desconfianza de Vlad en él. El barón había ordenado al pueblo de Braşov que no diera cobijo a Drácula el 6 de febrero de 1452. Sin embargo, poco después, el voivoda de Valaquia regresaría a esta ciudad con la tarea de defenderla, tarea proclamada nada menos que por el propio Hunyadi.

Aunque sabemos poco de estos acontecimientos, podemos afirmar sin temor a equivocarnos, a juzgar por su proximidad y sus resultados, que el voivoda y el barón hicieron las paces entre sí entre 1452 y principios de 1456.

Valaquia tras el regreso de Vlad III; composición demográfica, asuntos internos, primeras cuestiones

Corría el año 1456 y, según las fuentes, fue a principios de la primavera o a mediados o finales del verano cuando Vlad III Drácula invadió su patria, Valaquia, y reclamó el trono a Vladislav II. Algunas fuentes afirman incluso que el voivoda mató al propio príncipe en funciones antes de declarar su soberanía. Vlad logró esta victoria en gran parte gracias a las fuerzas húngaras enviadas por Hunyadi. Y como hijo de un antiguo soberano, tenía tanto derecho legítimo al trono como sus pretendientes, algunos de los cuales nacieron bastardos y todos intentaron destronar al voivoda en un momento u otro. Uno de estos pretendientes fue Dan III, mientras que otro fue un sacerdote sin nombre al que se aludió erróneamente como el hermano homónimo de Vlad, más tarde conocido como Vlad el Monje.

La coronación de Vlad no quedó registrada, pero basándonos en cómo fueron coronados algunos de los gobernantes posteriores de Valaquia, podemos suponer que la mayoría de las costumbres de las coronaciones pasadas se utilizaron en estas últimas, aunque con algunos cambios.

Una coronación típica contaba con la presencia de todos los dignatarios de la corte, miembros del clero, boyardos locales y gente común. El servicio religioso propiamente dicho se celebraba en eslavo eclesiástico, aunque la mayoría de las particularidades de la coronación en sí derivaban de las costumbres romanas orientales, como ocurría en todas las naciones balcánicas ortodoxas de la época. Normalmente, un gobernante recibía un cetro, una espada, una corona de oro con gemas preciosas, el estandarte del país, su escudo de armas, un sable y una lanza. Sin embargo, a juzgar por la indumentaria que Vlad lucía en las numerosas descripciones contemporáneas del voivoda, algunas costumbres otomanas debieron de colarse en el evento. Al fin y al cabo, la indumentaria real del Empalador tenía algunos elementos otomanos interesantes, como el caftán (un tipo de túnica) de terciopelo y seda que vestían los sultanes, bordado con filamentos de oro, botones de piedras preciosas y un fino forro de marta.

Naturalmente, la coronación y los primeros años de gobierno de Vlad no estuvieron exentos de problemas.

Como cualquier gobernante de la época, Vlad III necesitaba un consejo.

Por lo general, los miembros del consejo eran unas doce personas, que se ocupaban de diferentes tareas relacionadas con la corte y el estado. Sin embargo, este número no es inamovible y, dada la escasez de datos sobre el reinado de Vlad, no podemos saber con certeza cuántos miembros tenía su consejo ni quiénes eran. Sin embargo, por lo que sabemos, Vlad tenía la costumbre de deshacerse de cualquier miembro del consejo que considerara indigno, a menudo de forma brutal.

. . .

De 1456 a 1462, tenemos registros de varias personas clave durante el reinado de Vlad. Una persona que, en principio, no había ocupado ningún cargo real durante la mayor parte de la infancia y adolescencia de Vlad era un anciano erudito de la corte llamado Manea Udrişte. Tenía el título de vornic, que sería el equivalente a un juez supremo. Este fue el mismo cargo que ocupó durante los reinados de varios gobernantes, pero en 1453, su propio hijo Dragomir le sucedería, sirviendo como vornic a Vladislav II. Debido a esta circunstancia, Vlad III veía a Dragomir como un adversario acérrimo, por lo que los vornic desaparecieron por completo de la escena política durante el segundo reinado del Empalador, regresando mucho después de que Vlad hubiera sido depuesto y cautivo de los húngaros.

Por supuesto, Manea no fue más que el primer miembro del consejo que, según atestiguan los documentos históricos, sirvió bajo las órdenes del Empalador. Algunos de los otros miembros notables incluyen:

- Codrea, vornic en 1457, estacionado en Brașov
- Dragomir, hijo de Țacal, boyardo de alto rango y posible vornic entre 1457 y 1459.

- Voico, hijo de Dobrița, primer consejero entre 1457 y 1461
- Stan, hijo de Negrea, un boyardo de alto rango que también sirvió bajo Vladislao II; su servicio terminó probablemente alrededor de 1459
- Duca (también Doukas), jupan griego (o ***župan***, título eslavo con el significado aproximado de "gran príncipe") que también sirvió durante los reinados de Vladislav II y Radu el Hermoso, atestiguado sólo en 1457.
- Cazan, hijo de Sahac, miembro del consejo de la corte de Valaquia desde la década de 1430, atestiguado como canciller en 1457.
- Calcea, atestiguado en 1457 como secretario de Vlad, más tarde ascendido a canciller
- Linart (también Leonard o Leonhard), sajón transilvano de Brașov, atestiguado como secretario latino de Vlad y ascendido a canciller en 1461.
- Iova, atestiguado como condestable en 1457 y tesorero en 1458

El reinado de Vlad fue tristemente célebre por la forma en que trataba a los miembros del consejo insubordinados o ineficaces.

. . .

Bastantes de los aquí enumerados desaparecieron por completo de los documentos de la corte tras menos de un año desde su nombramiento (o al menos desde que se atestiguó que estaban en el poder). Eso se debía a que Vlad tenía la costumbre de ejecutar a cualquier boyardo de alto rango que no cumpliera con sus obligaciones según lo prescrito. Sin embargo, había algunas excepciones. La más notable fue Cazan, un hombre que había estado al servicio de la corte desde el reinado de Alejandro Aldea en 1431.

Más impresionante es el hecho de que permaneció como funcionario de la corte hasta 1478, habiendo sido desde boyardo hasta canciller e incluso jupan.

Otro aspecto clave del consejo "giratorio" de Vlad es el hecho de que algunos de sus miembros habían servido abiertamente a sus enemigos, principalmente a los pretendientes de la línea Dăneşti. Parece que Vlad hizo bien en ejecutarlos, ya que los que fueron desterrados o consiguieron escapar volvieron más tarde a servir a los adversarios de Vlad. Duca es el mejor ejemplo de este fenómeno. Siendo inicialmente consejero de Vladislav II en 1451, no reapareció hasta 1457, el primer y único año en que serviría bajo Vlad III. Los historiadores especulan con la posibilidad de que estuviera aliado con los sajones de Transilvania y los húngaros, lo que indudablemente llevaría a Vlad a creer que Duca estaba trabajando para deponerle en favor de un pretendiente-gobernante más dócil.

Teniendo en cuenta que Duca había servido al hermano menor de Vlad, Radu, durante casi seis años después de la deposición del propio Vlad, el voivoda había hecho bien en deshacerse de él tan pronto como lo hizo.

Un tanto paradójicamente, aunque Vlad tenía evidentes tendencias xenófobas, casi siempre justificadas de algún modo y, no lo olvidemos, nada infrecuentes en los monarcas contemporáneos, su corte de consejeros "rotatorios" no estaba formada únicamente por valacos. Ya vimos en los documentos oficiales que tanto griegos como incluso sajones podían acabar ocupando altos cargos en la corte de Drácula. Laonikos Chalkokondyles, historiador romano de Oriente, escribió extensamente sobre los Balcanes en su afamada obra *Las Historias*, escrita en diez tomos. En relación con Drácula, Chalkokondyles menciona que el voivoda tenía una corte en la que ningún miembro del consejo podía confiar en los demás debido a lo retorcidos que eran todos.

. . .

En palabras del propio historiador, Vlad empleaba a húngaros, serbios, turcos y tártaros si servían a sus propósitos.

También es muy probable que algunos moldavos ocuparan puestos importantes, teniendo en cuenta las amistosas relaciones de Vlad con los gobernantes de este reino de habla rumana.

Resulta fascinante saber que uno de los gobernantes más chovinistas de la historia contaba con una corte tan diversa, cuyo único rasgo común era lo corruptos que eran, un rasgo que en última instancia acosa a cualquier órgano de gobierno, incluso hoy en día.

Como ya se ha dicho, uno de los principales problemas con los que tuvo que lidiar la corte de Valaquia fue el carácter turbio de los boyardos y la algarabía de los plebeyos. El deseo de Vlad de tener el control absoluto sobre quién podía sentarse en su consejo, así como su rapidez a la hora de destituir a aquellos que pudieran socavarlo, dieron como resultado un país un poco más uniforme que antes. Por supuesto, no siempre recompensaba la lealtad de sus consejeros. Codrea, por ejemplo, era fiel a Vlad III, pero eso no impidió que el voivoda lo ejecutara en 1459.

. . .

La Valaquia de Vlad era un país pequeño y en gran parte rural. Según ciertas estimaciones y conjeturas, debía de tener, como máximo, 400.000 habitantes. De ellos, más del 90% vivía en aldeas. Sólo había diecisiete grandes ciudades mercantiles, de las cuales tres servirían como capitales de la corte. La primera fue Câmpulung, que seguiría siendo capital al menos desde 1300 hasta 1330, fecha en la que fue sustituida por Curtea de Argeș. Târgovişte, la capital de Vlad III, cobraría importancia en 1408.

Otras ciudades importantes de Valaquia son:

- Chilia (o Kilia, la actual Kiliya en Ucrania)
- Brăila
- Târgul de Floci
- Giurgiu
- Turnu
- Turnu Severin

Curiosamente, ninguna ciudad de Valaquia tenía fortalezas como otras ciudades de los Balcanes medievales. Las pocas que las tenían solían estar en poder de los húngaros o los turcos. En su lugar, la población local optaba por esconderse en bosques o monasterios en caso de guerra o catástrofe. Las propias ciudades estaban mal fortificadas, con endebles recintos de ladrillo o madera a su alrededor. Para los nativos de Valaquia, esa falta de fortificación era una bendición, ya que la mayoría de las ciudades fortificadas eran constantemente disputadas por diferentes potencias regionales; por lo tanto, vivir dentro de una ciudad de ese tipo suponía muchas más muertes y entrañaba muchos más peligros.

Volviendo a la población de Valaquia en la Edad Media, las cifras estimadas muestran lo brutal y eficaz que había sido el régimen de Drácula. Al llegar la década de 1470, la misma zona gobernada por el Empalador contaba, como mínimo, con 60.000 habitantes menos que en su época.

Por supuesto, las guerras y los levantamientos explican algunas de esas pérdidas, pero incluso si tenemos eso en cuenta, el número de personas que murieron durante el reinado de Drácula es asombroso.

Dentro de esa población, Vlad III contaba realmente con personas dispuestas a dar la vida por él, y la mayoría de ellas constituían su ejército. Las tropas del voivoda se componían de dos grandes regimientos. El primero era el llamado "pequeño ejército", formado por hijos de nobles menores, algunos boyardos y los terratenientes libres conocidos como ***curteni*** (el término es una forma plural de ***curtean***). El pequeño ejército estaba formado por no más de 10.000 personas, lo que lo convertía en un tercio del "gran ejército".

Este enorme regimiento estaba formado en su mayoría por plebeyos con edad suficiente para portar armas, y la mayoría absoluta eran hombres.

Vlad y los húngaros

El ascenso al poder del Empalador conllevó nuevos retos y problemas. Como voivoda, tuvo que establecer o restablecer relaciones exteriores con las monarquías circundantes, incluidos pesos pesados como Hungría y el Imperio Otomano. En cuanto a la primera, Vlad estaba, por el momento, algo a salvo.

Juan Hunyadi le había prestado por fin su apoyo abierto, aunque no duraría mucho, ya que Hunyadi moriría pronto, en agosto de 1456.

Sin embargo, la palabra de Hunyadi era una importante ventaja política para Vlad, teniendo en cuenta la gran influencia que el barón había tenido en la corte de Buda.

. . .

Sin embargo, con su temprana muerte, casi todos los asuntos de estado de Hungría quedaron directamente en manos del rey, el joven Ladislao V el Póstumo. Vlad se dispuso inmediatamente a jurar lealtad al rey, como atestiguan varios documentos de tratados que el voivoda firmó con los sajones tanto de Brașov como de Sibiu. Estos tratados obligaban a Vlad a defender a los sajones de Transilvania de las invasiones turcas y a permitir que los mercaderes sajones circularan libremente sin tener que pagar impuestos (aunque este último privilegio no se concedió a los habitantes de Sibiu); a cambio, los transilvanos y los húngaros debían proporcionar refugio al voivoda en caso de que fuera atacado por una fuerza externa o por un traidor interno (y con los pretendientes al trono de Valaquia que surgían casi anualmente, no era una petición poco razonable por parte de Vlad). Naturalmente, el Empalador no cumplió su parte del acuerdo, teniendo en cuenta que los turcos ya estaban asaltando Transilvania pocos días después de la firma.

No es de extrañar, por tanto, que los burgueses de Brașov, Sibiu y Amlaș acogieran abiertamente a dos pretendientes diferentes al trono, Dan y Vlad, respectivamente, después de que el hijo mayor de Hunyadi, Ladislaus, escribiera una carta sobre los supuestos crímenes del Empalador. Tras leer las cartas, uno podría tener la impresión de que Ladislao fue intencionadamente vago en su valoración del voivoda de Valaquia, y tendría toda la razón. En la mente del hijo de Hunyadi, así como de la mayoría de la nobleza húngara y sajona de las principales ciudades transilvanas, Vlad era prescindible, y sólo necesitaban una buena excusa para sustituirlo por alguien más sumiso.

Por supuesto, Vlad no se ganó este trato de la nada. En algún momento entre finales de 1456 y principios de 1457, el voivoda había ordenado la producción de nuevas monedas valacas. Una de estas monedas era el ***ban de*** plata, similar a los ducados de oro de Vladislao II, ya que estaba hecha de metal puro y pesaba aproximadamente 0,40 gramos. La acuñación de monedas con heráldica y valor propios puede parecer un asunto trivial, pero hay que tener en cuenta que Hungría y Valaquia estaban en unión monetaria desde 1424. En otras palabras, los valacos estaban obligados a utilizar monedas húngaras, lo que les hacía depender económicamente de la corte de Buda. Con su propia ceca, los valacos adquirieron un nuevo nivel de autonomía, que perjudicaría los intereses húngaros. Además, las monedas húngaras estaban peligrosamente devaluadas en esta época, a diferencia de las nuevas emitidas por Vlad III.

La otra posible razón por la que Vlad era considerado un enemigo por Ladislao Hunyadi y los transilvanos era el hecho de que quería recuperar antiguos territorios que ya no estaban bajo el dominio directo de Valaquia. Vlad lanzaría ataques concentrados en Brașov, Sibiu y Beckendorf, una ciudad que supuestamente albergaba a Dan III, uno de los pretendientes al trono durante el reinado de Drácula.

Lo que es más interesante es que los asedios de Drácula a Brașov y Sibiu no fueron totalmente en su propio beneficio.

A pesar del trato que Ladislao le dispensó, el voivoda permaneció leal a los Hunyadi, lo que resultaría decisivo en los acontecimientos posteriores. Tras la muerte de Juan Hunyadi en agosto de 1456, su hijo mayor, junto con su viuda Isabel y su cuñado superviviente Miguel Szilágyi, crearon una fractura en la política de la corte húngara. La muerte de Hunyadi se produjo menos de tres semanas después del famoso sitio de Belgrado, donde aplastó con éxito a las fuerzas otomanas del sultán Mehmed II, el mismo que había aplastado Constantinopla y acabado con el Imperio Romano de Oriente poco más de tres años antes del sitio. Una de las disputas que habían quedado tras la muerte de Hunyadi era su rivalidad con Ulrico de Celje; Ulrico acabaría siendo asesinado por Ladislao Hunyadi el 9 de noviembre de ese mismo año.

. . .

Teniendo en cuenta la posición de Ulrico como uno de los regentes del rey Ladislao V, el joven monarca tuvo que jurar a la Casa de Hunyadi que no perseguiría la venganza. Sin embargo, sus leales barones, entre los que se encontraban poderosas figuras como Ladislao Garai, Ladislao Pálóci y Nicolás Újlaki, se opusieron firmemente a esta decisión, y el país se sumió en una guerra civil de facto. Garai y Pálóci eran altos funcionarios de la corte, siendo el primero palatino (algo parecido a un virrey o un regente) y el segundo juez real, que era el rango inmediatamente inferior al de palatino. Ujlaki, por su parte, era voivoda de Transilvania, cargo que compartía con el ya fallecido Juan Hunyadi, por lo que su implicación en este asunto también influiría directamente en los asuntos de Valaquia.

Los barones mencionados no eran más que tres de los muchos partidarios de Ladislao el Póstumo. Sin embargo, crecía el sentimiento de que la Casa de Hunyadi debía ocupar el trono. La idea se materializó cuando Ladislao V encarceló tanto a Ladislao Hunyadi como a su hermano menor Matías, mandando ejecutar al hermano mayor en marzo de 1457. Como represalia, Isabel y Miguel Szilágyi formarían la llamada Liga Szilágyi - Hunyadi, un movimiento que apoyaba abiertamente el destronamiento de Ladislao y la elevación del joven Matías a la categoría de rey.

. . .

Sus tropas comenzaron a asaltar las regiones húngaras al este del río Tisza, obligando al joven rey a huir a Viena y llevarse consigo a Matías. Estando allí, Ladislao el Póstumo murió inesperadamente el 23 de noviembre de*rd* , 1457. No tenía descendencia, por lo que se produjo un breve interregno. Para evitar una guerra civil propiamente dicha y apaciguar a todas las partes, la Dieta húngara (equivalente a un parlamento moderno) coronó rey a Matías el 24 de enero de. Se casó con Ana, hija de Ladislao Garai, que también era viuda del difunto hermano mayor de Matías, sellando así el tratado entre los leales y la Liga. Además, Michael Szilágyi se convirtió en el regente del nuevo joven rey.

Curiosamente, aunque Nicolás Újlaki había sido uno de los mayores oponentes de los Hunyadis, acabaría siendo uno de los partidarios de mayor confianza del rey Matías en años posteriores, obteniendo varios títulos importantes. La mayoría de estos títulos estaban relacionados con los territorios de los Balcanes Occidentales (fue apodado rey de Bosnia, que ya había sido territorio otomano en aquella época, así como ban, un noble de alto rango similar a un príncipe, de Croacia, Eslavonia y Dalmacia, y, lo que es más importante, conde perpetuo de Teočak, una zona de Bosnia cercana a la actual ciudad de Tuzla). En otras palabras, Újlaki no tuvo prácticamente nada que ver con Transilvania mucho después de la deposición de Vlad III.

. . .

Michael Szilágyi fue una figura clave en el reinado de Vlad durante 1457. Como leal partidario de Hunyadi, lanzó algunas campañas contra los szeklers y los sajones de Transilvania, centrándose en Sibiu y Brașov.

Lo hizo a principios de 1457, más o menos al mismo tiempo que Vlad III lanzaba sus ultimátums a estas ciudades. Los szilágyis y Vlad III obtuvieron una victoria decisiva, obligando a los burgueses sajones locales y a los leales a Ladislao V a firmar un tratado favorable al bando vencedor. Vlad ganó mucho con este tratado: el pretendiente Dan fue expulsado de la zona, y los lugareños se vieron obligados a negarle cualquier otra ayuda. Además, Vlad reabrió el comercio con sus mercaderes, lo que supondría un impulso para la economía local. Por supuesto, la mayor victoria fue el hecho de que los mercaderes valacos tuvieran por fin plena libertad y seguridad para comerciar en suelo transilvano, una hazaña que casi ningún predecesor de Vlad había conseguido a pesar de años de intentos fallidos. En resumen, la lucha por el poder húngaro fue la oportunidad perfecta para que el Empalador matara varios pájaros de un tiro: En primer lugar, recuperar territorios que consideraba su hogar ancestral (curiosamente, el propio tratado se firmó en su Sighișoara natal); a continuación, proporcionar una fácil ayuda económica a los comerciantes de su país con pérdidas mínimas por su parte; después, asegurarse un poderoso aliado exterior en la forma de Miguel Szilágyi y establecerse como un factor político relevante en la región; y, por último, establecerse como una fuerza dominante en su Valaquia natal y como elemento disuasorio frente a cualquier posible pretendiente a su trono. Vlad llevaba menos de un año en el poder y ya había conseguido todo esto simplemente tomando decisiones estratégicas prudentes.

Sin embargo, la buena fortuna de Vlad no duraría mucho.

El rey Matías destituiría a Garai como palatino y más tarde convencería a Szilágyi de que renunciara a su título de regente. En junio de 1458, Szilágyi fue nombrado conde del distrito de Bistrița, una de las principales sedes de los sajones de Transilvania. Aunque Szilágyi no dimitió como regente hasta el año siguiente, el joven Matías se convirtió en el único gobernante del reino, y ambos se enemistaron de inmediato. Debido al cuervo que figuraba en el escudo de armas de la Casa de Hunyadi, Matías recibió el apodo de Corvinus, sobrenombre que heredaría su descendencia.

A diferencia de algunos de sus predecesores, Corvino favorecía a los sajones frente a los valacos, de ahí que no prestara apoyo inmediato a Vlad III. De hecho, mientras Szilágyi conspiraba contra el joven rey (y fue arrestado por sus acciones en Belgrado a finales de año), Corvino envió a un enviado, el noble polaco conocido como Benito de Boythor, a Valaquia para mantener una delicada discusión con el voivoda. Según la leyenda (de la que hablaremos en un capítulo posterior), el embajador no se sintió precisamente bien recibido en la corte de Târgoviște. De hecho, el soberano de Valaquia le aterrorizaba y, para ser justos, si no hubiera abordado el asunto con prudencia, lo más probable es que lo hubieran matado en el acto. La misión de Benedicto era convencer a Vlad III de que estabilizara sus relaciones con los sajones de Transilvania, quienes, a su vez, admitirían haber agraviado al voivoda y a su pueblo en el pasado.

Debido a su historia con los sajones, a Drácula no le agradó demasiado la tarea que le había encomendado el joven rey.

De hecho, en los meses siguientes haría exactamente lo contrario: no sólo emitiría un nuevo ducado de plata y lo haría acuñar en la nueva capital de București, sino que reinstauraría las prohibiciones comerciales y los elevados impuestos a todos los mercaderes sajones de Sibiu y Brașov.

Para ser precisos, limitó sus capacidades a tres ciudades en total: Câmpulung, Târgșor y Târgoviște. Los valacos, una vez más, estaban exentos de estas nuevas leyes, lo que dejaba claro a los sajones dónde se encontraban en el orden jerárquico del voivoda.

También se pidió a Vlad III que se uniera a la posible cruzada contra los turcos. Los motivos eran de sobra conocidos: Serbia, un país notablemente débil en aquel momento, atravesaba una agitación política tras la muerte del déspota Lazar Branković. Su hermano, conocido como Esteban el Ciego, y la viuda de Lazar, Helena Palaiologina, ostentaban el poder y querían prometer lealtad a la corte húngara. Sin embargo, un comandante del ejército conocido como Michael Angelović quería convertirse en vasallo de los otomanos, en gran parte debido al hecho de que su propio hermano, Mahmud Pasha, era el gran visir y el principal consejero del sultán en ese momento.

Los sucesores de Lazar arrestaron a Angelović, lo que llevó al sultán Mehmed II a enviar a Mahmud Pasha con un ejército a Serbia y terminar la conquista. En ese momento, sólo la ciudad de Semendria (la actual Smederevo) logró resistir los avances turcos.

La razón por la que la inevitable caída de Serbia era importante tanto para el rey Matías Corvino como para

Vlad III es más bien pragmática. Los restos del déspota serbio eran literalmente lo único que se interponía entre los otomanos por un lado y Valaquia y Hungría por el otro. Sin ese amortiguador, ambos países estaban expuestos a posibles saqueos, ataques, incursiones y otros peligros. Por suerte, Mahmud Pachá no llegó a Semendria propiamente dicha; según algunos relatos de testigos presenciales, que fueron escritos por un anónimo contemporáneo de estos hechos, el comandante turco entró en Valaquia, reclamó una fortaleza (más que probablemente la de Turnu Severin, aunque esto aún está por confirmar) y, tras intentar cruzar el Danubio con sus soldados y sus prisioneros, fue brutalmente atacado por Drácula y su ejército de 5.000 personas, formado tanto por valacos como por húngaros. Si hemos de creer el relato histórico, de 18.000 soldados otomanos, menos de 8.000 pudieron retirarse. El resto murieron en la batalla o ahogados en el río. La cuestión serbia, por supuesto, no se resolvería adecuadamente, ya que Matías había acordado en un consejo con el emperador del Sacro Imperio Romano Germánico Federico III casar a la hija del déspota Lazar con el actual rey de Bosnia, que era otro Estado en decadencia en aquel momento.

En 1459, Mehmed II se anexionaría finalmente lo que quedaba de Serbia, dejando Hungría, Transilvania y Valaquia expuestas a nuevos ataques.

. . .

Matías Corvino, debido a las acciones de Vlad contra los sajones y los szeklers, comenzó a apoyar a los pretendientes al trono de Valaquia, al igual que había hecho su padre en el pasado. Dos de estos pretendientes eran conocidos como Basarab II y Dan III, este último presumiblemente asesinado por el propio Vlad de una forma particularmente espantosa. Además de estas acciones, el joven rey también había permitido que estos pretendientes buscaran refugio entre los sajones de Transilvania, pero lo más importante es que prohibió a cualquier mercader de Brașov comerciar armas con los valacos.

Esta animosidad entre los gobernantes duraría al menos hasta 1460. Sin embargo, con el paso de los años, los dos hombres llegaron a entenderse y sus relaciones se normalizaron en cierta medida. De hecho, en 1461, Matías propuso al voivoda valaco casarse con una mujer de su familia, la noble (y futura segunda esposa de Vlad) Jusztina Szilágyi.

Esta noticia inquietó mucho al sultán Mehmed II, que vio en ella una forma de reforzar sus alianzas con las demás naciones cristianas y, posiblemente, de luchar contra los turcos.

. . .

En los últimos años del segundo reinado de Vlad, esta situación desembocaría en una guerra con grandes pérdidas para ambos bandos.

Vlad y los turcos

Inicialmente, aunque no por voluntad propia, Vlad había sido aliado de los otomanos. Por ejemplo, no los atacó abiertamente durante los primeros meses de su reinado, optando por mantenerse, más o menos, neutral y reforzando sólo algunas de las relaciones clave con los húngaros y los moldavos. Curiosamente, a diferencia de la mayoría de los estados vasallos durante los reinados de Murad II y Mehmed II, Valaquia se había mantenido en gran medida autónoma. Vlad, por supuesto, tenía que pagar un tributo anual a los turcos para evitar la ira del ejército del sultán. Sin embargo, había algunos elementos clave que hacían de él un gobernante más independiente que sus contemporáneos. Por ejemplo, ningún miembro de la familia inmediata de Vlad era prisionero del sultán, salvo su hermano Radu. Sin embargo, a estas alturas, Radu se había alojado voluntariamente en la corte otomana, convirtiéndose en uno de los favoritos de los sultanes. De hecho, es posible que fuera la insistencia de Radu la que llevó a Vlad III al trono, lo que resulta aún más plausible si se tiene en cuenta que el Empalador no había atacado a los turcos en los primeros años de su reinado.

Otro elemento importante para la autonomía de Valaquia en 1456 fue el hecho de que Vlad, incluso durante los últimos días de su reinado, nunca envió a ningún muchacho como tributo. Las fuentes de la época atestiguan que Vlad tenía que enviar al menos 500 niños al sultán cada año, pero según la correspondencia personal de Vlad con los gobernantes de la época (incluida su carta al rey Matías Corvino), no parece que los otomanos hicieran mención alguna a esta exigencia. Un lector podría concluir que Vlad simplemente mintió por omisión al afirmar que no tenía que enviar a ningún joven como tributo, pero esto es muy poco probable.

Al fin y al cabo, en sus cartas decía claramente lo que creía que planeaban los turcos y los peligros que representaban para su país y sus compatriotas. Como alguien que busca ayuda contra un agresor, sería ilógico dejar de lado un método de sometimiento tan importante como el Devshirme.

El tercer y último elemento que prueba que Vlad no fue un vasallo completamente sumiso a los otomanos lo encontramos en los documentos legales de su época.

Mientras estuvo en el poder, Vlad había negado a los otomanos el libre paso por Valaquia para realizar incursiones en Transilvania. Tampoco se les permitía establecerse permanentemente en Valaquia, comprar o poseer tierras, construir mezquitas ni alcanzar ningún poder político adecuado.

Además, el cristianismo ortodoxo se practicaba libremente, y el príncipe, si no era por primogenitura, sólo podía ser elegido por los boyardos y el clero, no por los otomanos directamente.

Las guerras de Vlad III: principales batallas y campañas

Campaña del Danubio

Las precarias relaciones de Vlad con casi todo el mundo pronto darían amargos frutos. Cuando, a principios de 1462, Mehmed II se enteró de que el voivoda planeaba casarse con la prima del rey húngaro, envió un emisario para tratar de convencer a Vlad de que visitara la Sublime Puerta (la corte medieval otomana) y discutiera futuros asuntos. El siervo que el sultán envió para llevar a cabo esta tarea era un secretario griego conocido como

Thomas Katabolenos, un hábil diplomático recomendado por el propio patriarca cristiano ecuménico. Tras la caída de Constantinopla, los griegos, que seguían considerándose romanos orientales, quedaron bajo el dominio del sultán, pero éste no los gobernaba exactamente de forma directa, sino que el patriarca y la Iglesia asumían la mayor parte de las tareas de gobierno como apoderados.

Teniendo en cuenta que la Iglesia Ortodoxa Romana de Oriente era ecuménica, es decir, la que estaba por encima de todas las demás, las Iglesias Ortodoxas de Valaquia y Moldavia eran sus subordinadas directas. Por lo tanto, la jugada de Mehmed II fue bastante prudente. Un diplomático conocedor de los asuntos cristianos podría convencer más fácilmente a Vlad para que visitara al sultán que cualquier diplomático musulmán.

Pero Vlad no ignoraba lo que significaba aquella invitación. Su propio padre ya había cometido el error de presentarse en la corte del sultán y, por decirlo suavemente, toda la familia había acabado sumida en el caos. Por ello, el Empalador pidió al sultán que enviara a un bey local (título que significa "jefe de una zona de tierra") para "vigilar la frontera y mantener a salvo el país"; el razonamiento que utilizó Vlad era, en efecto, bastante sólido y sorprendentemente acertado, pues afirmaba que el país, que quedaría en manos de los boyardos locales, se desmoronaría, ya que nadie le era fiel. Con esa idea, Mehmed II envió a Hamza Bey, gobernador de Nicópolis, a vigilar el río Danubio.

Astutamente, Drácula envió una carta al rey Matthias Corvinus, advirtiéndole de los peligros que representaban los turcos y, casi como era de prever, afirmando que su incursión en Constantinopla significaría su muerte y que Hamza Bey estaba más que dispuesto a arrastrar a Drácula a la nueva capital otomana, por la fuerza si era necesario.

Así pues, Drácula actuó con rapidez, capturando tanto a Hamza Bey como a Thomas Katabolenos y empalándolos poco después. Unos cuarenta de sus hombres también fueron empalados y mutilados, y sus cadáveres cubrieron las murallas de Târgovişte.

Por supuesto, eso no fue más que el precursor de lo que llamamos la campaña danubiana de Drácula. Poco después de haber despachado a los dos siervos del sultán, Vlad llevó a su ejército a través del Danubio helado y dividió a los hombres en varios escuadrones. Su plan consistía en cubrir todas las tierras fronterizas junto al gran río, desde Chilia, en el sureste, hasta Rahova, en el noroeste, cerca de la desembocadura del río Jiu. Se trataba de una enorme franja de terreno de 800 kilómetros (casi 500 millas) que cubrir, y tenían que hacerlo nada menos que en medio de un invierno devastador. Pero Vlad III hizo mucho más que cumplir su misión. De hecho, aplastó por completo casi todo lo que había junto al Danubio que no fuera Valaquia. En el proceso, reconquistó la importante fortaleza de Giurgiu, y al parecer ordenó a los lugareños que abrieran las puertas en turco fluido antes de hacer que sus hombres la inundaran y asesinaran a todo lo que se moviera.

Tanto los turcos como los búlgaros locales morían en las constantes incursiones, asesinados en tierra o mientras transportaban mercancías por el río.

Ni las mujeres ni los niños se salvaron durante esta horrible incursión, y todas las personas que no murieron por la espada sucumbirían a las llamas de uno de los cientos de incendios. Según sus propias estimaciones, quizá exageradas pero fascinantes, el voivoda afirma haber matado a un total de 22.883 personas. Y, según sus propias palabras, se trata sólo de los que fueron decapitados. No contó a ninguna de las personas quemadas vivas o asesinadas de tal forma que no se podía separar la cabeza del cuerpo.

. . .

Aparte de este asesinato masivo, equivalente a un genocidio si no fuera por las diversas nacionalidades que murieron bajo las espadas de Valaquia, Vlad también ordenó la destrucción de bienes materiales, vehículos de transporte como carros y balsas, casas, torreones, iglesias y las pocas fortalezas que había en el Danubio, en el lado búlgaro. Su plan consistía en impedir por completo que los lugareños financiaran y abastecieran a las tropas otomanas en caso de que el sultán sintiera deseos de invadir la voivoda. Pero lo que era más importante, Vlad quería demostrar a los turcos que iba en serio, que ni siquiera los ejércitos mejor preparados del sultán podrían hacer daño a sus propios guerreros, y que era capaz y estaba dispuesto a asesinar a miles de civiles para demostrar su punto de vista.

En una larga carta que envió al rey Matthias Corvinus, Vlad enumera todas las ciudades, pueblos, aldeas y fuertes que acabaron quemados, saqueados o dañados tras su asedio.

En la voz del voivoda no se percibe compasión alguna por todos los inocentes que murieron; se limita a enumerarlos y a dejarlos de lado en la frase siguiente. Lo más inquietante, sin embargo, es la duplicidad de algunas de las declaraciones de Vlad. Afirma haber hecho lo que hizo para preservar el cristianismo, la fe católica y la corona del rey húngaro, pero todas y cada una de esas declaraciones son claramente hipócritas. Según todas las fuentes de las que disponemos, Vlad sólo se convirtió al catolicismo durante su encarcelamiento, que tuvo lugar en algún momento antes de su muerte. Hasta ese momento, era más que probable que fuera un gobernante ortodoxo, aunque no fuera practicante y a pesar de sus atroces actos mientras estaba en la corte.

Además, sabemos que rara vez daba importancia al cristianismo como objetivo moral, teniendo en cuenta que se había negado a unirse a unas cuantas cruzadas potenciales.

Además, la corona húngara no significaba exactamente mucho para él, aparte del hecho de que estaba colocada sobre la cabeza de un poderoso aliado político (cuya posición en la corte era, en el mejor de los casos, tan inestable como la suya propia en Valaquia). Y por último, Vlad había cometido la mayoría de estas atrocidades contra hombres y mujeres cristianos inocentes de Bulgaria. A ningún autodenominado luchador por la cristiandad se le ocurriría aprobar el asesinato de civiles, y mucho menos de la forma en que Vlad lo había hecho.

El ataque nocturno

. . .

Una vez enviada la carta, a Corvino le llegó la hora de actuar. Gracias a sus esfuerzos, esta misma carta llegó a otros gobernantes europeos de la época, incluso al norte de Italia. Aunque Matías podría haber simpatizado con la causa de Vlad (o al menos ver una oportunidad para aplastar a los otomanos), su presupuesto real y el estado de su corte no le permitirían malgastar dinero en una campaña antiturca. Corvino presionó a varios nobles italianos y al clero para que le ayudaran económicamente en esta posible cruzada, pero al final todo quedó en nada. Solo, Corvino no podía arriesgarse a una guerra con el sultán.

La derrota de los otomanos fue tan aplastante y devastadora que no es exagerado decir que fue su mayor derrota (hasta ese momento) desde que Mehmed II llegó al poder. Naturalmente, la Puerta tuvo que tomar represalias, por lo que el sultán reunió el que posiblemente fuera el mayor ejército desde el sitio de Constantinopla, que había tenido lugar menos de una década antes. Dos de los principales regimientos de su ejército consistían en tropas de tierra, con él mismo al mando. Se dirigieron directamente a la antigua capital de Drácula, Târgovişte. La flota, sin embargo, se encontraba en Brăila, una ciudad portuaria cercana a otra importante zona habitada, la disputada ciudad de Chilia.

. . .

Esteban el Grande de Moldavia siempre había sido un aliado del voivoda valaco, pero Chilia nunca dejó de ser un asunto candente, que el gobernante moldavo trataba de arreglar. La propia Brăila sería quemada hasta los cimientos, pero Chilia no caería en manos otomanas, ni volvería a manos del príncipe Esteban ese año. Aunque los propios turcos veían este puerto como extremadamente importante y pusieron gran énfasis en capturarlo, no se harían con su control hasta 1484.

Vlad había visto el considerable ejército de Mehmed II. El 4 de junio de 1462, el ejército cruzó el Danubio por Nicópolis (la actual Nikopol, en Bulgaria) y se dirigió hacia Târgovişte. Mostrando una vez más su naturaleza astuta, Vlad empleó una política de tierra quemada; cada vez que se retiraba, su ejército quemaba las cosechas y destruía todas las viviendas, dejando sólo cenizas a los conquistadores. El ardiente sol del verano ayudó mucho a Vlad en esta empresa. Al final de la campaña, las tropas turcas habían sufrido un gran agotamiento por el calor y apoplejías, siendo las pérdidas en su bando significativamente superiores a las del bando valaco.

. . .

Sin embargo, el verdadero momento de triunfo de Vlad, así como potencialmente su mayor fracaso, llegaría en la noche entre el 17 de junio y el 18 de junio.

Varios relatos históricos de la época hablan de este ataque y, aunque hay algunas variaciones significativas en cuanto a los detalles, el curso básico de los acontecimientos es el mismo.

Al llegar a Târgovişte, pero antes de entrar en ella, los otomanos establecieron un campamento base. Vlad vio en ello una gran oportunidad para una tarea nada fácil pero que podía cambiar significativamente el curso de la guerra.

Tomando entre 7.000 y 10.000 hombres, el voivoda los dividió en dos grupos y atacó el campamento por la noche, cuando los otomanos menos lo sospechaban. Su principal objetivo era matar a Mehmed II y a sus principales visires.

Los asesinatos de estos individuos actuarían entonces como catalizador para que los ejércitos turcos cayeran en desorden. Si Vlad hubiera tenido éxito, se habría producido una batalla dinástica en la Puerta, lo que habría permitido a las naciones cristianas de los Balcanes respirar aliviadas durante un breve periodo y reorganizar sus esfuerzos. Lamentablemente, Vlad no hirió al sultán (aunque, según algunas fuentes, el ejército del voivoda sí hirió a Mehmed, aunque no mortalmente) y tuvo que retirarse al espeso bosque de Valaquia. Al parecer, los otomanos estaban aterrorizados y, una vez calmada la confusión, consiguieron capturar a varios soldados valacos y decapitarlos en represalia.

El último acto de desafío propiamente dicho de Vlad se debió a su ausencia de Târgovişte cuando los otomanos llegaron a ella a finales de junio. Las fuentes afirman que el ejército musulmán había entrado en una ciudad desierta, que estaba sembrada de cadáveres empalados de todas las edades, tanto masculinos como femeninos, y de todas las nacionalidades. Incluso reconocieron a algunos de los dignatarios de la corte de Constantinopla que habían sido enviados a principios de ese año. El propio sultán declaró que no podía privar a Valaquia de un gobernante tan cruel pero competente, por lo que abandonó la capital, con sus hombres estupefactos y confusos por lo que acababa de suceder.

Batallas finales de 1462 antes del destronamiento

. . .

Tras su retirada, Mehmed inició su movimiento hacia Chilia, que ahora estaba siendo atacada por Esteban el Grande. Algunos documentos de la época dan a entender que el príncipe moldavo había comenzado a asaltar las tierras fronterizas de Vlad a principios de ese año, incluso antes de la campaña de Mehmed. Teniendo en cuenta la amistad y la alianza entre ambos gobernantes (tanto antes como después de 1462), esta acción por parte de Esteban puede parecer confusa al principio, hasta que hablemos más de la ciudad de Chilia.

Como puerto importante, había estado en manos de los valacos (o más bien de los húngaros a través de un apoderado valaco) desde 1448.

Esteban vio la oportunidad de recuperarla en el verano de 1462, cuando fue guarnecida por una mezcla de tropas húngaras y valacas. Pero para ello necesitaba encontrar el momento oportuno, así que agitó a Vlad para que dividiera su atención entre las tropas moldavas y los turcos que se acercaban. Una vez que los turcos regresaron de las tierras de Valaquia, el príncipe moldavo sitió la ciudad.

No es imposible pensar que Esteban consiguió convencer a los otomanos de que eran aliados gracias a sus acciones contra Vlad, e incluso historiadores contemporáneos como Chalkokondyles y Tursun Bey, secretario del propio

Mehmed, afirman que Esteban había sido leal al sultán. Sin embargo, el asedio de esta ciudad fue un fracaso para los atacantes. Los otomanos no sólo sufrirían una nueva derrota a manos de los valacos, sino que el propio Esteban resultó herido en el tobillo izquierdo, una lesión que nunca se curó bien y que fue la causa principal de la infección de gangrena que acabó con la vida del príncipe moldavo en 1504.

El propio Vlad también había comenzado a avanzar hacia Chilia, dejando unos 6.000 soldados para defender el reino de los otomanos, cosa que no consiguieron. No mucho después, otro pretendiente al trono apareció en la llanura de Bărăgan, una vasta zona muy cercana a Târgoviște y una tierra fértil que albergaba algunas de las ciudades más grandes de Valaquia en aquella época. Durante su campaña, Mehmed II había llevado consigo a un sirviente familiar que era su favorito en todos los sentidos.

Al llegar a Valaquia, Radu el Hermoso comenzó una dura campaña para conseguir que el mayor número posible de boyardos le aceptaran como gobernante y evitar así más ataques otomanos. En pocos meses, los dos hermanos se enfrentaron en batalla varias veces, y casi todas ellas fueron ganadas por Vlad. Sin embargo, cada vez más boyardos empezaron a desertar hacia Radu, y las fuerzas otomanas no dejaron de avanzar, dejando a Vlad sin apenas aliados en sus momentos cruciales.

. . .

Los historiadores de la Rumanía de mediados del siglo XX afirmaron casi exclusivamente que Vlad no había hecho más que vencer a los otomanos y que su exclusión del trono se debía únicamente a los traidores entre los boyardos. Por supuesto, una visión más matizada sugiere que hubo una miríada de razones. Si bien es cierto que hubo boyardos que desertaron a favor de Radu, el número de traidores potenciales había disminuido enormemente mientras Vlad estuvo en el poder, gracias en gran parte a su forma brutal de tratar a los que se le oponían.

Destronamiento y captura de Vlad el Empalador

Los ejércitos de Esteban el Grande eran ahora un enemigo.

Los otomanos no frenaron su marcha. Pueblos y ciudades ardieron por todas partes.

Radu se había convertido en la voz de un importante número de boyardos traidores.

. . .

Todos esos elementos juntos estaban conduciendo lenta pero inexorablemente a la caída de Vlad a finales de 1462. Oportunista como siempre, Vlad se retiró a los Cárpatos, destronándose a sí mismo y dando a Radu todo el poder. El plan del voivoda era reunirse con Matías Corvino y, con la ayuda de los húngaros, restablecer su dominio. Pero la situación se volvía cada día más sombría. Alberto de Istenmező, entonces conde de Szekler, declaró que los sajones de Transilvania iban a cambiar su lealtad a Radu y reconocerle como nuevo voivoda. Además, el joven Dracul también llegó a un acuerdo con los sajones de Braşov, prometiéndoles beneficios financieros y económicos a cambio de su lealtad.

A primera vista, el joven rey húngaro había tenido en cuenta las peticiones de ayuda de Vlad, ya que se encontraba en Transilvania en noviembre de 1462. Sin embargo, la postura de Esteban el Grande respecto a la guerra contra los turcos no había cambiado desde principios de ese año: sencillamente, no tenía ni los hombres ni el dinero para financiar la empresa. Al parecer, los dos gobernantes negociaron durante semanas antes de la reunión, pero a juzgar por lo que ocurrió (y por los documentos que aparecieron más tarde), podemos asumir con seguridad que Corvino no tenía ninguna intención de ayudar a Vlad.

. . .

Ordenó a su comandante mercenario, un estratega checo llamado John Jiskra de Brandýs, que capturara a Vlad, cosa que Jiskra hizo cerca de la ciudad de Rucăr. Algunos relatos afirman que fueron los propios compaýeros de Vlad quienes se rebelaron y lo capturaron en la fortaleza de Piatra Craiului y luego lo entregaron a Jiskra. Otras fuentes afirman que Vlad fue capturado cuando regresaba a Valaquia tras el fracaso de las negociaciones con el rey húngaro.

Los historiadores desconocen la razón de la captura de Vlad por Corvino en 1462. Incluso el historiador de la corte de Corvino, el poeta italiano y famoso humanista Antonio Bonfini, afirma que no sabía por qué el rey capturó al voivoda. Hay tres documentos importantes que se relacionan directamente con este acontecimiento, y que fueron enviados tanto al Papa Pío II en Roma como a los venecianos, que en realidad habían enviado algo de dinero para financiar una posible cruzada contra los otomanos durante las hazañas militares de Vlad. Estos documentos son las supuestas cartas que el propio Vlad había escrito. Una de ellas iba dirigida al sultán Mehmed II, la otra a su gran visir Mahmud Pachá y la tercera a Esteban el Grande de Moldavia. Al parecer, todas contienen la misma premisa básica, con la promesa del voivoda de invadir Hungría si los turcos le ayudaban a mantenerse en el poder.

. . .

Tras analizar estas cartas, podemos afirmar con seguridad que son falsificaciones.

Su datación revela que lo más probable es que fueran escritas durante el cautiverio de Vlad en la ciudad húngara de Visegrád. Y lo que es más importante, analizando el estilo y la estructura de las frases, podemos concluir definitivamente que no hay nada del carácter de Vlad, que emana de las cartas que realmente procedían de él. Por lo tanto, estas cartas fueron redactadas para justificar el encarcelamiento de Vlad ante los aliados católicos del rey Matías del otro lado del Adriático, aunque es posible que nunca sepamos exactamente por qué fue capturado el voivoda en primer lugar.

En 1456, ocho años después de que Vlad III fuera depuesto por primera vez del trono de Valaquia, volvió a establecerse como voivoda. Cumplió con las obligaciones que incumbían a cualquier príncipe soberano, pasando tiempo en la corte de Târgovişte, creando leyes, haciendo apariciones públicas y gestionando los asuntos exteriores.

Vlad III tenía un especial interés por la construcción; amplió su palacio de Târgovişte, incluida la torre Chindia, que aún se conserva, y fortificó varios castillos, entre ellos el de Poienari. También hizo donaciones a varias iglesias y monasterios, entre ellos el del lago Snagov, donde, según la leyenda, podría estar enterrado.

Sin embargo, Vlad III no era un hombre complaciente.

Valaquia era un caos desde la muerte de su abuelo, Mircea el Viejo, en 1418. En los 58 años transcurridos entre 1418 y 1476, fecha de la muerte de Vlad III, hubo once príncipes y más de 29 reinados diferentes. Durante su vida adulta, el trono cambió de manos seis veces. La continua guerra entre el Sacro Imperio Romano Germánico y el Imperio Otomano, junto con la inconsistencia del gobierno interno debido a los asesinatos y las intrigas políticas, condujeron a la anarquía que vio aumentar los índices de criminalidad y hundir la producción agrícola y el comercio. Vlad III necesitaba correcciones rápidas y severas para estabilizar su país moral y económicamente, o Valaquia seguiría siendo vulnerable a las fuerzas externas desestabilizadoras que la rodeaban.

Castigo a los boyardos

Vlad III no olvidó el papel que la nobleza, o los boyardos, desempeñaron en los brutales asesinatos de su padre y su hermano mayor. También intentó modernizar y reforzar el poder del voivoda y del gobierno central quitando poder a la nobleza. Sus rivalidades y conspiraciones crearon inestabilidad y las luchas intestinas invitaron a la invasión y la injerencia de otras potencias y dañaron las infraestructuras del país.

Vlad III sabía que tenía que crear estabilidad, para él personalmente como voivoda, pero también por el bien de Valaquia. Dio mucha importancia a la lealtad, sobre todo tras la muerte de su padre y su hermano, y empezó a introducir cambios en el gobierno interno del país. El escritor Laonikios Chalkokondyles relató que "rápidamente efectuó un gran cambio y revolucionó por completo los asuntos de Valaquia" al entregar la riqueza material de los ejecutados a quienes consideraba leales.

Lo más importante para Vlad III era hacer frente a cualquier amenaza a su reinado. Para lograr este objetivo, se centró en los rivales de la nobleza, los boyardos. Para ello, introdujo cambios estructurales en el gobierno y llevó a cabo numerosas ejecuciones. Estas acciones buscaban tanto la venganza como consolidarle como un gobernante fuerte.

. . .

Por ejemplo, a principios de su reinado, Vlad III celebró una fiesta de Pascua para todos los boyardos y sus familias.

Sabía que muchos de sus invitados habían participado en la conspiración que decapitó a su padre y enterró vivo a su hermano mayor. Muchos también habían participado en derrocamientos violentos de varios príncipes anteriores.

Vlad III les preguntó cuántos voivodas habían gobernado Valaquia a lo largo de sus vidas. Todos los nobles respondieron que habían visto perecer a muchos voivodas y que todos habían visto al menos siete reinados.

Uno dijo que más de 30 príncipes habían reinado durante su vida. Vlad empaló inmediatamente a todos los boyardos mayores y a sus familias. Los nobles más jóvenes y sus familias fueron obligados a trabajar en la reconstrucción de las ruinas del castillo de Poienari, sobre el río Argeş. Vlad insistió en reconstruir la fortaleza para él y su familia. Los hizo trabajar hasta que sus finas ropas se convirtieron en harapos y casi todos perecieron.

Un boyardo, Albu cel Mare, de quien se decía que era engreído y altivo, se rebeló contra el trato que Vlad III dispensaba a los boyardos. Destruyó un monasterio en

Govora e invadió las aldeas de Glodul y Hintea. Vlad III ordenó que Mare, junto con toda su familia, sus aliados y sus hijos, fueran empalados.

El poder de la nobleza también se redujo económicamente.

Vlad III sustituyó los cargos importantes del Consejo del Príncipe, ocupados normalmente por los nobles más poderosos y consumados, por hombres desconocidos o extranjeros que le habían demostrado su lealtad. Para otras funciones de gobierno, Vlad III eligió a hombres del campesinado libre, nombrándolos caballeros en lugar de seleccionarlos entre los boyardos existentes.

Una parte importante del poder de la nobleza era su relación económica con las ciudades sajonas autónomas de Transilvania. Vlad III se centró en estas ciudades, eliminando sus privilegios comerciales con Valaquia y asaltándolas. En 1459, empaló a 30.000 germanos (sajones) y funcionarios de la ciudad de Kronstadt, en Transilvania, por ignorar su autoridad. Los sajones de Transilvania eran alemanes étnicos que colonizaron Transilvania a partir de mediados del siglo XII. Sus habilidades habían desarrollado un próspero clima económico en la región y, como tal, gozaban de una gran autonomía.

. . .

Al principio de su reinado, Vlad intentó mantener buenas relaciones con estas ciudades, ya que le suministraban soldados para luchar contra los otomanos. Sin embargo, en 1457, los ciudadanos de Bistrita se amotinaron a causa de los impuestos y otros problemas económicos provocados por las nuevas políticas de Vlad III. En la primavera de 1458, Vlad Drácula llevó a cabo una incursión contra los pueblos rebeldes que habían conspirado contra él. Quemó tres pueblos hasta los cimientos y descuartizó a los habitantes de un cuarto en la plaza del pueblo "***como si fueran repollos***".

Los sajones de Transilvania estaban enfadados porque Vlad III fortificó las fronteras de Valaquia, lo que impedía sus rutas comerciales. Para vengarse de él, crearon poemas y panfletos que le llamaban "***Vlad el Empalador***" y afirmaban que mojaba el pan en la sangre de sus víctimas.

Los primeros relatos de los sajones alemanes describen cómo Vlad se llevaba a hombres, mujeres y niños de las aldeas sajonas y los empalaba a todos.

El hijo de Juan Hunyadi, Ladislao Hunyadi, quería que Dan III fuera el voivoda de Valaquia y sustituyera a Vlad III. A Hunyadi le preocupaba que Vlad no les apoyara debido a su tensa relación anterior. Otros querían como príncipe al hermano ilegítimo de Vlad, Vlad el Monje. Estalló otra lucha dentro de Hungría que hizo inestable el reino.

Cuando Ladislao Hunyadi fue ejecutado por Ladislao V de Hungría en 1457, estalló la guerra civil en Hungría. El hermano menor de Hunyadi, Matías Corvino, fue elegido rey de Hungría en 1458. Ordenó a los nobles que mantuvieran la paz con Vlad III.

Vlad III tenía que desconfiar continuamente de la nobleza del clan rival Dăneşti. Muchos de ellos habían buscado esconderse en Transilvania, y ésta era otra de las razones de las incursiones de Vlad III en las ciudades sajonas. Vlad dijo que devolvería los derechos comerciales a los mercaderes si entregaban a Dan III, miembro del clan rival, y a los nobles que lo apoyaban. Vlad III también sospechaba que los Dăneşti habían sido quienes enterraron vivo a su hermano mayor, Mircea II.

Cuando Dan Dăneşti y los demás no aparecieron, Vlad atacó los suburbios de Brasov, empalando a un gran número de residentes mientras cenaba en una mesa cercana a ellos. Cuando observó que uno de los nobles se tapaba la nariz debido al olor, lo empaló en un gran pincho, para que quedara por encima del olor ofensivo.

Vlad III también quemó las iglesias de San Jacobo y San Bartolomé, robando sus reliquias. Dan huyó y se defendió, pero perdió. Fue capturado, obligado a cavar su propia tumba y a leer su propia oración fúnebre. Cuentan que Vlad lo decapitó él mismo. Los mercaderes de Brasov firmaron un tratado con Vlad el 1 de octubre de 1460.

Bosque de los empalados

En los últimos años de la década de 1450, los países cristianos de Europa empezaron a plantearse campañas contra el Imperio Otomano. El rey húngaro Matías Corvino iba a desempeñar un papel destacado en estas iniciativas.

Hacia 1460, Valaquia había logrado independizarse de Hungría y recuperado tierras de Transilvania, y Vlad III consideraba que se encontraban en una situación relativamente estable. Vlad III decidió dejar de pagar tributo al sultán en 1459 y, en 1460, forjó una nueva alianza con Corvinus.

Enfurecidos por su traición, los turcos intentaron

secuestrar y asesinar a Vlad III. Sin embargo, Vlad descubrió el plan y mató tanto al secuestrador como al enviado. Vlad III atacó la fortaleza de Giurgiu ordenando a los soldados que abrieran las puertas en turco. También asaltó aldeas a lo largo del Danubio.

Vlad escribió a Corvino en 1462, informándole de que más de "23.884 turcos y búlgaros" habían muerto bajo su mando. Pidió el apoyo de Corvino contra los otomanos, diciendo que iba contra el sultán para honrar al rey y preservar el cristianismo y la fe católica.

Mehmed II, el sultán, reunió un ejército de más de 150.000 soldados; pretendía sustituir al rebelde Vlad por su hermano pro otomano, Radu el Hermoso. El ejército otomano cruzó el Danubio hacia Valaquia el 4 de junio de 1462. Vlad se vio ampliamente superado en número, por lo que se retiró utilizando una estrategia de tierra quemada, que consistía en destruir todo lo que pudiera ser útil a un ejército invasor. Contaminaron los pozos, quemaron campos y edificios e incluso mataron al ganado. Vlad también planeó pequeños ataques para mantener a los turcos desconcertados. Por ejemplo, Vlad y sus hombres se colaron en el campamento otomano por la noche en junio, con la intención de matar al sultán, pero no encontraron la tienda adecuada.

. . .

El ejército otomano marchó hacia la capital de Târgovişte.

Sin embargo, cuando llegaron, estaba vacía. En su lugar, encontraron un "***bosque de los empalados***", donde 20.000 prisioneros turcos fueron empalados en estacas en círculos concéntricos. En las Historias, el historiador Laonikios Chalkokondyles describió la escena:

El ejército del sultán entró en la zona de los empalamientos, que tenía diecisiete calles de largo y siete de ancho. Había allí grandes estacas en las que, según se dijo, habían sido escupidos unos veinte mil hombres, mujeres y niños, todo un espectáculo para los turcos y para el propio sultán. El sultán se quedó asombrado y dijo que no era posible privar de su país a un hombre que había hecho tan grandes hazañas, que tenía una comprensión tan diabólica de cómo gobernar su reino y su pueblo. Y dijo que un hombre que había hecho tales cosas valía mucho. El resto de los turcos se quedaron estupefactos cuando vieron la multitud de hombres en las estacas. También había infantes pegados a sus madres en las estacas, y los pájaros habían hecho sus nidos en sus entrañas.

A pesar de los esfuerzos de Vlad, el ejército otomano avanzó hacia su castillo. Durante el asedio, la primera esposa de Vlad se arrojó al río desde la torre, afirmando que prefería morir antes que ser capturada por los turcos.

Incapaz de someter a Vlad III, el ejército otomano abandonó Valaquia.

El sultán dejó que el hermano de Vlad, Radu el Hermoso, siguiera luchando. Radu, que era leal al sultán, utilizó la estricta y cruel reputación de su hermano en su contra, pidiendo a los valacos que le apoyaran frente a Vlad. Radu también ofreció una compensación económica a los mercaderes sajones prometiendo que protegería sus negocios y derechos tradicionales.

7

Último reinado y muerte de Vlad III: 1475

El hermano de Vlad, Radu el Hermoso, murió entre 1474 y 1475. Basarab el Viejo, miembro del clan Dăneşti, apoyado por el Imperio Otomano, ocupó su lugar como príncipe gobernante de Valaquia.

En 1475, Vlad, junto con el voivoda transilvano Stefan Bátory, invadió Valaquia con un ejército de transilvanos, nobles valacos descontentos y un grupo de moldavos proporcionados por el príncipe Esteban III de Moldavia, primo de Vlad. Al acercarse el ejército, Basarab y su corte huyeron.

Tras la subida al trono de Vlad, sólo permanecieron con él los guardaespaldas moldavos. Vlad seguía siendo impopular debido a su estricto gobierno y sus brutales castigos, por lo que tanto los nobles como los campesinos lo abandonaron a su suerte. Vlad III salió al encuentro del ejército otomano con un pequeño contingente de menos de 4.000 hombres.

Existen muchas historias sobre la muerte de Vlad el Empalador. La mayoría cree que murió luchando contra los turcos cerca de Bucarest en diciembre de 1476. Otras fuentes afirman que fue asesinado por nobles de un clan rival mientras luchaba contra los turcos o mientras cazaba.

Otro relato afirma que Vlad estaba a punto de derrotar al ejército otomano, pero fue asesinado por uno de sus propios soldados. Todas las historias coinciden en que, tras su muerte, Vlad III fue decapitado por los turcos, su cabeza se conservó en miel y se envió a Estambul, donde el sultán la exhibió en una estaca. Kazikli Voyvoda, "príncipe empalador" en turco, no volvería a luchar.

8

Empalamiento: atrocidades y Estado de Derecho

VLAD III ERA CONOCIDO como "*el Empalador*" en muchos idiomas: Vlad el Empalador, Vlad Tepes (rumano) y Kazikli Voyvoda (turco). Aunque fue famoso por su uso liberal del empalamiento durante la Edad Media, no fue una invención suya. De hecho, el empalamiento se utilizaba desde más de mil años antes que Vlad.

El Código de Hammurabi, un código babilónico de leyes de Mesopotamia escrito hacia 1772 a.C., menciona el empalamiento. También se utilizaba como castigo en el antiguo Oriente Próximo. El empalamiento se reservaba generalmente para los delitos contra el gobierno, pero a veces también se prescribía para otros delitos, como el robo.

. . .

Cuando Vlad III fue retenido como rehén por el Imperio Otomano, fue educado en estrategia militar.

Los turcos utilizaban a menudo el empalamiento y otros métodos de guerra psicológica. Vlad fue un excelente estudiante, y su uso del empalamiento contra sus captores fue probablemente doblemente poderoso; había convertido la educación que le dieron en un arma contra ellos y la manejaba mejor. El empalamiento no era sólo un doloroso método de ejecución; era una declaración para todos los que lo presenciaban. La audacia y crueldad que requería subrayaban el poder del gobernante que lo utilizaba sin remordimientos.

Hay muchos ejemplos del uso del empalamiento por parte del Imperio Otomano que Vlad puede estudiar. Por ejemplo, utilizaron el empalamiento como herramienta antes y durante el asedio de Constantinopla en 1453. En 1452, el sultán exigió a todos los barcos que navegaban por el Bósforo que se sometieran a una inspección. Un capitán veneciano, Antonio Rizzo, se negó a atracar y su barco fue alcanzado por una bala de cañón y hundido. Los marineros fueron sacados del agua y decapitados; Rizzo, como líder, fue empalado.

. . .

Al principio del sitio de Constantinopla, en mayo de 1453, el ejército otomano estaba reuniendo a los soldados que se habían rendido en varios lugares, como Terapia y Studium.

Esos soldados, normalmente unos 40 hombres de cada fortaleza, eran empalados.

El Imperio Otomano siguió recurriendo al empalamiento, aunque con distinta frecuencia, hasta el siglo XIX.

Durante el dominio del Imperio Otomano sobre Grecia, que se extendió desde la caída de Constantinopla en 1453 hasta la revolución de 1821, el empalamiento se utilizó como una herramienta importante, diseñada para inspirar terror en la población campesina como medio de guerra psicológica.

Vlad era un hombre astuto y culto, y tomó las herramientas que le dieron los turcos e ideó un medio de utilizar sus propias herramientas contra ellos. Se dice que la mayor parte de los empalamientos y torturas aplicados por Vlad Ţepeş fueron contra el ejército turco invasor. En 1462, el sultán, conquistador de Constantinopla y antiguo compañero de escuela de Vlad, era famoso por su hábil uso de estrategias de guerra psicológica. Se dice que, tras ver a 20.000 soldados turcos empalados a las afueras de Târgovişte, el "bosque de los empalados" de Vlad, Mehmed II quedó tan impresionado como asqueado. Mehmed y su ejército se retiraron, dejando que el hermano de Vlad, Radu, luchara, a pesar de que los turcos estaban mejor equipados y superaban en número al ejército de Vlad por tres a uno.

Konstantin Mihailović, en sus Memorias de un jenízaro, afirma que Vlad III era temido por el Imperio Otomano.

Describe cómo Vlad cortaba las narices a los soldados turcos y las enviaba a Hungría para demostrar cuántos había matado. Los turcos también temían sus frecuentes ataques nocturnos, como el de mediados de junio de 1462, en el que trató de matar a Mehmed II.

Aunque ello no disminuye su crueldad, muchos de los castigos y torturas aplicados por Vlad Ţepeş formaban en realidad parte de la legislación de la época. La Edad Media era dura y brutal en muchos aspectos, y las leyes reflejaban esa dureza. Muchas de las acciones que llevó a cabo Vlad tenían razones basadas en motivos morales o estaban arraigadas en un propósito razonable y podían considerarse un medio para defender la ley de su país o al servicio de las potencias con las que estaba aliado.

. . .

Por ejemplo, el Sacro Imperio Romano Germánico, en la Constitutio Criminalis Carolina de 1532, permitía el empalamiento de los culpables de adulterio. Los países de Europa Central y Oriental utilizaban el empalamiento durante una guerra, o a veces para castigar a los ladrones. Los castigos en toda Europa durante esta época eran crueles, e incluían desde una simple multa hasta la mutilación o la hoguera. El Imperio Otomano utilizaba el empalamiento y otros métodos brutales de ejecución. Incluso en Valaquia, la propia familia de Vlad sufrió decapitaciones, ojos quemados y enterramientos en vida.

Vlad el Empalador era cruel, pero para enfrentarse a sus iguales, al Imperio Otomano, a Hungría, a los nobles intrigantes y asesinos de su propio principado y de los de los alrededores, la única forma que tenía de triunfar era ser mejor cruel que ellos. Así que, en muchos sentidos, es a la vez un héroe por su éxito y un villano por su éxito. Fue capaz de restaurar el orden en su tierra natal, sumida en el caos por fuerzas internas y externas, pero para ello tuvo que ser más cruel que los demás.

No tuvo piedad de sus enemigos, especialmente de los que le habían traicionado a él o a su familia, ni de los que causaban trastornos en el Estado, como ladrones, asesinos y los que conspiraban contra él. Esas fuerzas perturbadoras adoptaban muchas formas, desde colonos sajones a miembros de un clan rival o delincuentes. Su mano dura se extendía también a los boyardos y a cualquiera que faltara al respeto a su capacidad y voluntad de responder de forma dura y aplastante.

Tanto en Transilvania como en Valaquia, la mayoría de los mercaderes eran colonos sajones, a los que a menudo se consideraba que se aprovechaban de los nativos de Valaquia y los principados vecinos para llenarse los bolsillos. Vlad trató de diezmar a la clase boyarda de Valaquia, ya que históricamente habían socavado al príncipe y participado en el derrocamiento violento de varios, incluidos miembros de su propia familia.

Esta agitación puso en peligro a Valaquia, que luchaba contra sus propios demonios internos cuando poderosas fuerzas exteriores trataron de aprovecharse de la debilidad causada por el desorden.

Las campañas de Vlad contra los mercaderes sajones y los intrigantes boyardos pueden considerarse desde varios puntos de vista. Algunos sostienen que estaba modernizando el gobierno, reflejando la transición de la Edad Media a principios del Renacimiento, y eliminando los antiguos poderes feudales de los nobles. También tenía un inquebrantable sentido del bien y del mal para controlar el crimen, pues lo consideraba necesario para crear un gobierno y una sociedad estables. Una historia cuenta que Vlad colocó una copa de oro cerca de un pozo en medio de una ciudad. Nunca se movió, pues los ciudadanos temían tanto su ira que nadie era lo bastante valiente como para intentar robarla.

El empalamiento era un horrible método de ejecución: lento, doloroso y un espectáculo aterrador, no sólo por el sufrimiento y la muerte de la víctima, sino también por la descomposición de su cuerpo. Era un testimonio aterrador de la voluntad de Vlad de ser cruel, de responder a cualquier transgresión con ferocidad y fuerza.

Para empalar a una persona, se le ataban las piernas o se la sujetaba a un caballo para mantenerla inmóvil.

Luego se clavaba una estaca afilada en el cuerpo de la víctima. Se utilizaba grasa o aceite para lubricar la estaca; no podía estar demasiado afilada, o la víctima moriría rápidamente. A veces se introducía la estaca por el ano y se sacaba por la boca; otras, por el pecho. A veces incluso se empalaba a los bebés en el pecho de sus madres. Las víctimas podían ser empaladas en posición vertical o de modo que su cuerpo colgara boca abajo.

. . .

Tras ser empalada, la víctima podía vivir horas o incluso días. Vlad a menudo creaba patrones con las estacas; normalmente, era un anillo de círculos concéntricos. Utilizaba estacas más grandes para indicar que se trataba de una víctima de alto rango. A menudo se dejaba a las personas en las estacas durante meses mientras se descomponían.

El proceso era tan terrible en sí mismo que inspiró muchas historias exageradas. Una afirma que 10.000 personas fueron empaladas en Sibiu (Transilvania) en 1460. Otra dice que en 1458, el día de San Bartolomé, 30.000 mercaderes y funcionarios del gobierno fueron empalados en Braşov, Transilvania, por desobedecer las restricciones comerciales impuestas por Vlad.

9

Héroe y monstruo: escribir el mito de Vlad el Empalador

MUCHAS de las historias registradas sobre Vlad el Empalador proceden de fuentes rumanas, alemanas y rusas del siglo XV. Estas historias tenían puntos de vista únicos que merece la pena examinar. Aunque nunca podremos determinar con exactitud qué es un hecho histórico y qué es ficción, estas diversas perspectivas forman parte de la complejidad del legado y la historia de Vlad el Empalador.

El año en que Vlad gobernó por primera vez Valaquia, Johannes Gutenberg abrió una imprenta en Maguncia (Alemania). Fue la primera vez que se utilizaron tipos móviles en Europa y sería un factor importante para anunciar el Renacimiento y cerrar la Edad Media. En 1453, los turcos capturaron Constantinopla y muchos de los libros de la Biblioteca Imperial fueron quemados, robados o revendidos. La última gran biblioteca del mundo antiguo fue destruida.

En 1455, justo antes de que Vlad retomara el trono de Valaquia por segunda vez, Gutenberg imprimió 180 ejemplares de una Biblia de 42 líneas. Fue el primer libro impreso producido en masa.

Antes de la Biblia de Gutenberg, los libros tenían que copiarse a mano. Era laborioso y tan caro que sólo la nobleza podía permitírselos. Aunque estos libros impresos seguirían siendo caros, se hizo posible producirlos en masa; esto, a su vez, dio lugar a una explosión de nuevos escritos, literatura y ciencia. También permitió la impresión de propaganda y cuentos escabrosos que eran tan populares entonces como ahora.

Elizabet Miller, en su Informe del Congreso Mundial de Drácula, afirma que Matei Cazacu, historiador de la Sorbona "argumentó de forma bastante convincente que Vlad fue la primera víctima de la propaganda política impresa iniciada por Matthias Corvinus y que él... fue una pequeña pieza en un juego político y económico muy grande".

. . .

Mientras que todas las descripciones de la vida de Vlad lo pintan como despiadado sin paliativos, sólo los relatos de los sajones alemanes lo describen como sádico o demente.

Todos estos panfletos se imprimieron al menos 15 años después de su muerte. Al reimprimirse con el tiempo, perdieron su contexto de propaganda política y se convirtieron en literatura sensacionalista. Los éxitos de Vlad en la defensa contra el Imperio Otomano y los muchos partidarios que tuvo en toda Europa cayeron en el olvido. Tuvo muchos partidarios incluso en vida. Por ejemplo, cuando fue arrestado por Corvino, un cronista de la corte húngara dijo que el rey "había actuado en oposición a la opinión general," y esta opinión influyó para que el rey revocara posteriormente el arresto de Vlad. Vlad fue un "prisionero distinguido" que más tarde fue plenamente indultado y restaurado en el trono de Valaquia. Fue celebrado como un héroe cristiano por sus partidarios en toda Europa.

Folclore y tradición oral

Aunque la aparición de la imprenta se produjo en vida de Vlad, existía (y sigue existiendo) una tradición oral rumana.

. . .

Las leyendas e historias sobre la vida de Vlad fueron contadas una y otra vez por el campesinado rumano durante más de quinientos años. El largo periodo de tiempo y los constantes relatos y adornos individuales hacen difícil determinar qué es realidad histórica o ficción. La leyenda, como el hombre mismo, siempre será una mezcla de ambas.

No sólo sirven como fuentes de información sobre Drácula, sino también sobre su relación con su país y su pueblo o, más bien, la relación de éstos con él.

Las historias narradas en los panfletos alemanes y rusos son similares a las de los relatos de tradición oral, pero cada una adopta un punto de vista o una visión del mundo diferente.

Vlad Ţepeş, en la mente del campesinado rumano, era un príncipe justo que defendió a su patria y a su pueblo de las incursiones extranjeras, ya fueran del Imperio otomano o de los comerciantes alemanes. También se le alaba como partidario del pueblo llano frente a los boyardos o la clase noble.

. . .

La tradición oral subraya la insistencia inflexible de Vlad en la honradez y la rectitud. Esto contrasta con muchas de las historias de los panfletos impresos, que critican los esfuerzos de mano dura de Vlad por eliminar el crimen y las intrigas de su principado.

Aunque la tradición oral reconoce a Vlad de forma positiva, no evita caracterizarlo como cruel y despiadado en ocasiones. Todos los panfletos, así como la tradición oral, contienen numerosos ejemplos de sus brutales acciones.

Aunque los detalles concretos varían según la versión, parecen coincidir en algunos hechos básicos. Así lo ilustra la historia en la que Vlad clavaba en la cabeza los sombreros de los dignatarios visitantes porque consideraba que le insultaban y le faltaban al respeto.

En algunas versiones de la historia, los visitantes extranjeros que llegaron a la corte de Târgovişte proceden de Florencia; otras historias dicen que son turcos. Algunos estudiosos creen que ambas son ciertas, pero que ocurrieron en épocas diferentes. La ofensa real también parece variar: unos dicen que se debe a que se negaron a quitarse el sombrero, y otros que le saludaron a la manera de su propia cultura en lugar de reconocer la cultura valaca. Todos coinciden, sin embargo, en que el resultado final fue que a los visitantes les clavaron los sombreros en la cabeza. Algunas fuentes lo consideran razonable, y otras lo denuncian como prueba de su caprichosa crueldad.

Relatos alemanes sobre Vlad el Empalador

Los panfletos que más contribuyeron a difundir la historia de Vlad el Empalador por toda Europa eran alemanes; los imprimían mercaderes sajones que tenían el monopolio del comercio en la cercana Transilvania. Los mercaderes sajones siempre habían tenido una relación conflictiva con Vlad y siempre habían ayudado a sus rivales a deponerlo.

Vlad, a cambio, hizo todo lo posible por eliminarlos. El tratado más crítico con Vlad se imprimió en Núremberg en 1499, más de 20 años después de su muerte. Fue en este panfleto donde Vlad recibió por primera vez el nombre de "El Empalador".

En el folleto de Nuremberg Tract, dice: "Empalaba a la gente y la asaba, hervía sus cabezas en una caldera, despellejaba a la gente y la descuartizaba como si fueran repollos.

También asaba a los hijos de las madres, y tenían que comérselos ellos mismos. Y muchas otras cosas horribles están escritas en este tratado y en la tierra que gobernó".

Los relatos alemanes incluyen menciones a víctimas empaladas, quemadas, desolladas, asadas, hervidas, ahogadas y torturadas de otras formas. Hay relatos de personas obligadas a consumir la carne de sus familiares y amigos, desmembramientos y clavado de sombreros en la cabeza. Entre las víctimas hay hombres, mujeres, niños y bebés de todas las nacionalidades, religiones y clases sociales.

Cuando se comparan las historias alemanas con las rusas y rumanas, queda claro que muchas de ellas fueron exageradas en respuesta a la difícil relación de los sajones con Vlad.

Las historias de violencia caprichosa y sin sentido están casi totalmente ausentes de los relatos rusos y rumanos. Dado que los relatos alemanes eran los que más circulaban en Europa Occidental, la reputación de Vlad el Empalador era considerablemente peor allí que en Europa Oriental, que conoció los relatos rumanos y rusos.

. . .

Muchas de las historias sobre su crueldad proceden de los relatos alemanes que eran propaganda destinada a dañar su reputación, motivada por razones políticas, religiosas y económicas. Aunque las historias tienen cierta base en la realidad, gran parte de ellas se exageran para contar una historia convincente y crear antagonismo contra su enemigo. Se le describe como un monstruo y un loco. Por ejemplo, según los relatos alemanes, Vlad empaló a 600 mercaderes sajones de Braşov y se apoderó de todo su dinero y propiedades. Sin embargo, un documento escrito por Dan III del clan rival Dăneşti en 1459 se refiere al mismo suceso y afirma que 41 mercaderes fueron empalados. Si el número real fue efectivamente de 600, no hay razón para que un boyardo que pretendía sustituir a Vlad en el trono disminuyera el número de víctimas.

Las historias también describían los esfuerzos de Vlad por eliminar el crimen y el comportamiento inmoral para fortalecer Valaquia. Por ejemplo, las mujeres solteras que perdían su virginidad, las esposas adúlteras y las viudas que no permanecían castas eran castigadas. Se les podía cortar los órganos reproductores o los pechos.

Se las empalaba por la vagina con estacas al rojo vivo. Una historia cuenta que a una esposa infiel le quitaron la piel y la colocaron sobre una mesa, después le cortaron los pechos y la empalaron en una plaza de Târgovişte.

. . .

También había historias similares sobre la importancia de la honradez. Una de ellas describía cómo Vlad consideraba la pobreza una forma de robo; los pobres "***robaban***" el sudor de otro que se encargaba de mantenerlos. Empalaba tanto a ladrones comunes como a mercaderes que engañaban a sus clientes. Otro relato describe cómo Vlad invitó a todos los pobres y enfermos de la ciudad a un espléndido banquete. Cuando se reunieron para comer, Vlad cerró las puertas y prendió fuego al edificio.

Estas historias ya circulaban antes de que se publicaran los panfletos alemanes. Los cuentos alemanes se escribieron por primera vez en manuscrito, o a mano, hacia 1462, antes del arresto de Vlad por Corvinus. Luego circularon en forma manuscrita, o a mano, hasta finales del siglo XV. Posteriormente, el texto se imprimió en Alemania. Las historias se convirtieron en éxitos de ventas y dieron lugar a una serie de ediciones posteriores que continuaron ampliando y añadiendo a la historia original.

Además de los manuscritos y folletos impresos, la versión alemana de los hechos de Vlad el Empalador se cuenta en un poema de Michel Beheim.

Titulado "*Historia de un loco sediento de sangre llamado Drácula de Valaquia*" (Von ainem wutrich der heis Trakle waida von der Walachei), fue escrito en el invierno de 1463 y posteriormente representado en la corte de Federico III, emperador del Sacro Imperio Romano Germánico.

En la actualidad se conservan cuatro de los manuscritos y 13 de los folletos, además del poema de Beheim. Los manuscritos datan aproximadamente de 1475 a 1500 y los panfletos de 1488 a 1559-1568. Ocho de los panfletos se imprimieron antes de 1501, lo que los convierte en "incunables". Incunable significa "cuna", y se utiliza para referirse al periodo inicial de los libros impresos, que va de la década de 1450 a 1501. El hecho de que estos folletos se imprimieran en esa época es un testimonio de su interés y popularidad. Los cuentos alemanes contienen unos 46 episodios únicos, pero ninguna versión los contiene todos.

Todas las historias comienzan con el "*viejo gobernador*", Juan Hunyadi, ordenando matar al padre de Vlad y con Vlad convirtiéndose al cristianismo y jurando protegerlo. Después de esta historia inicial, el orden varía entre los distintos manuscritos y ediciones impresas de panfletos. Los títulos de las historias también varían.

Lo más probable es que la primera versión alemana de estas historias fuera escrita en Braşov por un erudito sajón.

. . .

Según algunos eruditos, el texto refleja simplemente los pensamientos y sentimientos de los sajones de Braşov en aquella época, que luchaban contra las sanciones económicas y el enérgico castigo de las transgresiones por parte de Vlad. Los sajones habían sido históricamente autónomos y estaban muy descontentos por ser gobernados de una forma tan estricta como perjudicial para su bienestar físico y económico.

Pero no sólo los mercaderes sajones deseaban perjudicar políticamente a Vlad Ţepeş. También se cree que el rey húngaro Matthias Corvinus contribuyó a querer dañar la reputación de Vlad Ţepeş. El rey recibió grandes cantidades de dinero tanto de Roma como de Venecia en apoyo de la guerra contra el Imperio Otomano. Sin embargo, Corvino tenía un conflicto con el emperador del Sacro Imperio Romano Germánico, Federico III, y no podía permitirse adquirir el poderío militar necesario para entrar en batalla.

En agosto de 1462, Corvino había negociado un acuerdo con el hermano de Vlad, Radu el Hermoso, que era el candidato pro otomano al trono de Valaquia. Para ocultar al Sacro Imperio Romano Germánico su acuerdo con el Imperio Otomano, Corvino hizo pasar a Vlad por la razón por la que no podía entrar en guerra con los turcos. Arrestó a Vlad y falsificó varias cartas que decían que Vlad era leal al sultán y describían acciones atroces y horribles contra Vlad para justificar su arresto ante el Papa.

El Papa Pío II sabía que Vlad había tenido éxito luchando contra el Imperio Otomano y quería que participara en la campaña. En 1462 y 1463, después de que Vlad fuera arrestado y encarcelado en Hungría, el rey y su corte fomentaron la difusión de las historias en Europa central y oriental, haciendo hincapié en los crueles castigos de Vlad y ampliando las historias que ya circulaban sobre él.

Sin embargo, al igual que Vlad cambió de opinión sobre su encarcelamiento en poco tiempo, casándose con la prima de Corvinus y siendo liberado para luchar de nuevo contra el Imperio Otomano, el propósito de las historias también cambió. Pasaron de ser propaganda política a simple ficción y siguieron siendo uno de los relatos más vendidos de los siglos XV y XVI. La llegada de la imprenta permitió que las historias llegaran a manos de una gran variedad de personas y, con el tiempo, su contexto político inicial se fue olvidando poco a poco.

. . .

Relatos rusos sobre Vlad Ţepeş

La versión eslava o rusa de las historias sobre Vlad el Empalador se titula Skazanie o Drakule voevode (Cuento sobre el voivoda Drácula). Se cree que fue escrita entre 1481 y 1486, menos de una década después de la muerte de Vlad.

Se hicieron copias del relato desde el siglo XV hasta el XVIII. Existen unos 22 manuscritos sobre Vlad Tepes conservados en diversos archivos de Europa del Este.

El más antiguo data de 1490 y termina con la siguiente frase Escrito por primera vez en el año 6994 (es decir, 1486), el 13 de febrero, y transcrito por mí, la pecadora Elfrosin, en el año 6998 (es decir, 1490), el 28 de enero. Se trata básicamente de una recopilación de diversos relatos literarios e históricos sobre Vlad Ţepeş.

El Cuento sobre el Voivoda Drácula tiene 19 historias diferentes. Son más largos y detallados que los cuentos alemanes. Hay dos secciones básicas: las 13 primeras historias no están en orden cronológico y parecen ser similares a la tradición oral folclórica. Los últimos seis relatos pueden haber sido escritos por un erudito que recopilaba y organizaba los relatos, ya que se presentan de forma cronológica.

Hay una breve introducción a la que sigue la historia de los sombreros clavados en las cabezas de los embajadores.

Termina con la muerte de Vlad Ţepeş y algunos detalles sobre su familia.

Diez de los 19 relatos son similares al alemán. A pesar de contar historias similares, hay una marcada diferencia en el tono y el tratamiento de Vlad. Los relatos rusos tratan a Vlad Ţepeş de forma más positiva que los alemanes. Se le describe como un príncipe justo, un hábil líder militar y un dirigente inteligente. Incluso los relatos que describen atrocidades las justifican como acciones imparciales de un gobernante fuerte que controla las fuerzas caóticas por el bien de su patria. Por ejemplo, una de ellas dice, "Drácula odiaba tanto el mal en su tierra que si alguien robaba, mentía o cometía alguna injusticia, no era probable que siguiera con vida. No importaba si era un noble, un sacerdote, un monje o un hombre común, e incluso si tenía grandes riquezas, no podía escapar de la muerte si era deshonesto".

. . .

De los 19 relatos, sólo cuatro parecen haber sido embellecidos, enfatizando la crueldad de Vlad. Algunos de los elementos de la historia de Drácula parecen haber sido añadidos posteriormente a los relatos rusos que describen a Iván IV de Rusia.

No se sabe quién escribió el Cuento del Voivoda Drácula. Los eruditos no se ponen de acuerdo, pero una teoría es que fue un monje de Transilvania o posiblemente un noble de la corte de Esteban el Grande en Moldavia. Otra teoría es que lo escribió un diplomático ruso llamado Fedor Kuritsyn.

10

Mitos sobre Drácula y su imagen pública, retratos y representaciones

Incluso en vida, Vlad el Empalador fue tema de conversación en muchas cortes europeas. Es cierto que el sobrenombre de "Empalador" no le llegaría hasta después de su muerte, pero aunque su nombre y su título no eran tan ominosos, sus acciones sí lo eran.

Desde el principio de su reinado, surgieron diversas leyendas por todo el mundo medieval. Teniendo en cuenta sus tensas relaciones con algunas naciones (y sus relaciones un tanto amistosas con otras), es lógico que los estereotipos negativos que suelen asociarse a Vlad III procedan casi exclusivamente de fuentes extremadamente sesgadas.

. . .

Por ejemplo, los sajones que consiguieron huir de Transilvania y evitar el campo de influencia directo de Drácula, asentándose a menudo en otras zonas germánicas como la Monarquía de los Habsburgo (precursora de la actual Austria), comenzaron a imprimir diversos panfletos en los que se relataban historias de las supuestas crueldades del soberano de Valaquia. Por otro lado, las fuentes eslavas y valacas presentan a Vlad como un gobernante prudente y proactivo que se hizo cargo de la situación e hizo lo que debía hacerse. Naturalmente, ambos bandos imprimían esencialmente propaganda que iba en un sentido o en otro, y la mayoría de las veces equivalía a "literatura popular". De hecho, se puede afirmar que los incunables fueron reimpresos por los sajones en Viena y otras ciudades germánicas una y otra vez debido a su popularidad. Después de todo, incluso al hombre medieval le encantaban los escándalos políticos, y pocos pueden ser tan interesantes como los relatos de un hombre que empala a sus prisioneros y los tortura de las peores maneras posibles.

Pero, ¿hasta qué punto son ciertas? Por extraño que parezca, incluso las fuentes eslavas, como el famoso *Skazanie o Drakule voivode* ("La historia del voivoda Drácula"), que suelen ser más indulgentes con el voivoda, enumeran algunas de sus crueles acciones. Por supuesto, estas fuentes, ya se trate de propaganda positiva o negativa, no son de fiar. Sin embargo, podemos examinar los elementos básicos de cada fuente contemporánea y elaborar algunas teorías plausibles.

Tomemos el empalamiento, por ejemplo. Casi todas las fuentes propagandísticas mencionan a Vlad aplicando este tipo de castigo en la práctica.

Algunas afirman que lo hacía con los cuerpos colgados boca abajo o boca arriba, otras mencionan empalamientos masivos, y otras hablan de la forma en que se introducía la estaca en el cuerpo (o se clavaba el cuerpo en la estaca), etc. Por supuesto, no podemos tomar el número de víctimas que dan los autores antiguos como un evangelio, ya que, la mayoría de las veces, incluso los escritores medievales más eruditos exageran las cifras. Entonces, ¿cómo lo hacemos? Bien, puesto que todas las fuentes mencionan que utilizaba el empalamiento como castigo, podemos asumir con seguridad que lo hacía con regularidad. También sabemos a ciencia cierta que los otomanos llevaban siglos utilizando este método de ejecución antes de invadir los Balcanes, y no fueron ni mucho menos los primeros en hacerlo. Por lo tanto, aunque reduzcamos el número de víctimas y nos decidamos por el método más destacado, podemos afirmar, sin lugar a dudas, que Vlad empalaba a sus adversarios. Con ese conocimiento, el sobrenombre de "Empalador" sigue considerándose un hecho histórico, así como una representación correcta del hombre.

A continuación, debemos hablar de su aspecto. Dentro de un rato hablaremos de la imagen o imágenes concretas de Drácula, pero tenemos que encontrar un punto intermedio sólido, al igual que en nuestra evaluación sobre su propensión a empalar. Sabemos por algunas de las pinturas que quedan de la época qué aspecto tenía Drácula. En otras palabras, existe un retrato realista del hombre que podemos señalar y decir: "Ese, ahí, es Vlad III".

Sin embargo, sólo podemos estar completamente seguros de nuestra apreciación cuando observamos los incunables sajones antes mencionados. Contienen imágenes estilizadas de Drácula en sus quehaceres cotidianos, y son bastante animados en cuanto a movimientos y gestos. Y, a juzgar por el aspecto de Vlad en algunos de estos incunables, no cabe duda de que se corresponde con los retratos realistas de la Baja Edad Media y el Renacimiento.

Drácula, como la mayoría de los personajes históricos de la época (y un gran número de otros personajes históricos de milenios enteros antes del nacimiento de Vlad), se menciona en muy pocos documentos contemporáneos de forma que nos permita vislumbrar su carácter. Por eso, historiadores e investigadores han profundizado en las numerosas leyendas y mitos atribuidos al voivoda. Como hemos visto, estas fuentes no tienen por qué ser ciertas al cien por cien, pero nos dan una buena idea de la imagen general de Vlad III.

Pero el valor de estos mitos va más allá de la evaluación de la exactitud histórica. También son espléndidas obras de ficción, relatos que tienen sus propios significados y moralejas, y, en cierto modo, pintan un buen cuadro de lo que debió de ser la vida valaca (y del sur de Europa) cuando Vlad se hizo con el poder.

Es así que, a lo largo de los siglos, han surgido multitud de relatos sobre el brutal comportamiento de Vlad y sus hábitos sanguinarios. La mayoría de los lectores occidentales nunca han oído hablar de estas leyendas, lo que resulta un tanto decepcionante porque pueden rivalizar con la novela de Bram Stoker en lo que a crueldad y sangre se refiere. Este capítulo presenta algunas de estas leyendas, relatadas sin ningún orden cronológico ni de otro tipo. La mayoría de ellas proceden de historiadores aficionados contemporáneos o de folletos sajones impresos algunos años después de la deposición y posterior muerte de Vlad. También es instructivo observar que algunos de estos relatos presentan diversas variantes, dependiendo de dónde fueron registrados y por quién. Además, no se trata ni mucho menos de una lista exhaustiva de leyendas e historias sobre Vlad III. Por ejemplo, ningún relato procedente del folclore rural rumano figura en esta lista, ya que son demasiados y, con toda probabilidad, se elaboraron mucho después de la muerte del voivoda.

La Pascua sangrienta

Era el 25 de marzo de 1459, Domingo de Pascua. Matías Corvino se había involucrado más con sus deberes de rey, los turcos estaban inquietos y había mucho alboroto en Valaquia y sus alrededores. Vlad tenía muchos problemas con los que lidiar: los sajones de Transilvania querían quedarse con las tierras de Amlaș y Făgăraș, la tierra ancestral de los Basarab, y el joven rey húngaro quería que los valacos hicieran las paces con los sajones.

Por supuesto, Vlad sabía lo que ocurre cuando el rey húngaro no apoya a tu bando y aboga en beneficio de tus enemigos. Lo sabía bien, teniendo en cuenta cuántos príncipes y voivodas le precedieron.

. . .

Fue en esta fatídica Pascua cuando convocó a todos sus boyardos y otros miembros de la nobleza a una comida. Se presentaron cerca de quinientos. Algunos eran viejos como robles, otros apenas tenían quince años. Reconocía a tres boyardos, pero seguramente desconocía a muchos más.

Incluso había algunos boyardos que desearía no conocer. Pero todos estaban allí, y cenaron en reverencia a la resurrección de Cristo.

Muy pronto, la comida había terminado y los estómagos estaban llenos. Los boyardos disfrutaban de un respiro.

Siempre alerta, Vlad se dirigió a uno de los señores más ancianos de la fortaleza. "Dime", preguntó al anciano, "¿cuántos señores y voivodas recuerdas que gobernaran esta tierra antes que yo?". El señor respondió. Luego Vlad se dirigió a un señor más joven y le hizo la misma pregunta. Y el joven boyardo dio su respuesta. De nuevo, Vlad se volvió hacia el siguiente lord, y le siguió su respuesta. Uno tras otro, Vlad les hizo a todos la misma pregunta, y las respuestas variaron enormemente.

Algunos lores dijeron: "Unos treinta, mi señor". Otros

respondían: "Creo que doce, mi señor". Algunos decían diez, doce o veinte, mientras que otros llegaban hasta los treinta, cuarenta e incluso cincuenta. Ni uno solo de los jóvenes señores pronunció un número inferior a siete.

Satisfecho con sus respuestas, Vlad se levantó de su asiento y dio una orden a su guardia real. En pocos minutos, cientos de gritos llenaron la sala cuando los guardias empezaron a sacar a los boyardos. Uno a uno, los señores y nobles que habían cenado a la mesa de Drácula morían ahora, empalados en estacas y desangrándose profusamente hasta morir.

No era como un dosel de cadáveres frente al palacio real.

Muchos murieron aquel día, pero muchos más se enteraron de que Vlad no tenía muy buena opinión de los frecuentes cambios de los voivodas. De hecho, pretendía conservar su puesto el mayor tiempo posible, por cualquier medio.

La muerte de Dan III

. . .

Dan III era un pretendiente al trono de Drácula. Vivía en Brașov y disfrutaba de la hospitalidad de los burgueses sajones locales, estableciéndose como el antivóvido del Empalador.

1459 llegaba a su fin, y Vlad ya había alcanzado la reputación de ser un gobernante despiadado pero eficaz. Pero Dan no tenía miedo. Tenía el respaldo de la Dieta Húngara y del propio rey. Y así, fue gobernando Brașov, emitiendo una carta aquí, un edicto allá. Aunque se autoproclamaba señor de Amlaș y Făgăraș, sus ambiciones iban más allá.

Quería ser uno más en la larga estirpe de príncipes giratorios que ocuparon el trono de Valaquia. Y para ello, tendría que pasar por Vlad.

Era invierno, y Dan III había reunido con éxito a los sajones. Pero, por otra parte, no necesitaban mucho. No hacía mucho que se había prohibido a sus mercaderes comerciar en la mayor parte del territorio de Valaquia, y los impuestos del voivoda eran terribles. Además, hacía pocos meses que les había llegado información sobre su legendario comportamiento brutal. Dan conocía bien esta información y, lo que es más importante, sabía cómo utilizarla. Después de todo, ¿a quién apoyarían los sajones? ¿A un hombre que no era leal ni a la Corona de Hungría ni al Sultán de Constantinopla? ¿O al hombre que se oponía abiertamente a este tirano y, lo que es más importante, trataba a los sajones con admiración y respeto? Los boyardos locales pensaban lo mismo: Vlad tenía que irse.

Pero Vlad no cedió.

El ejército del pretendiente cruzó la frontera durante la Semana Santa del 13 de abril de 1460, y entró en guerra con Vlad, una guerra que Dan perdió de la forma más humillante posible. Todos los soldados de Dan fueron capturados y ejecutados el 22 de abril del mismo año, apenas nueve días después de iniciada la incursión. Algunos incluso informaron de que Vlad había ordenado que las mujeres sajonas y otras mujeres simpatizantes de la causa de Dan III también fueran empaladas en estacas. Horrorosamente, los bebés y niños de estas mujeres también fueron asesinados y cosidos a los pechos de las mujeres muertas. Un espectáculo verdaderamente espantoso, sin duda.

Pero, con mucho, la mayor humillación le llegó al propio Dan. Tras ser capturado y encarcelado, fue sacado de su calabozo y llevado ante los verdugos. El propio Vlad estaba allí, al igual que los sacerdotes y algunos de los boyardos leales. Pero lo más inquietante era que había una tumba.

Una tumba con una lápida. Y llevaba el nombre de Dan. El pretendiente fue colocado rápidamente junto a la tumba, de rodillas, probablemente demasiado aturdido para moverse.

Vlad ordenó a los sacerdotes que leyeran un servicio fúnebre para el "difunto" pretendiente a voivoda mientras algunos hombres libres cavaban un hoyo del tamaño de un hombre frente al monumento.

El único respiro que pudo tener Dan fue su desconocimiento del eslavo eclesiástico, la lengua que utilizaban los sacerdotes al recitar sus morbosas líneas. Pero Dan no tuvo que esperar mucho. Cuando terminó el servicio y los sacerdotes pronunciaron sus últimos versos, Vlad mandó matar a Dan en el acto, decapitándolo. Si lo hizo él mismo o no, no lo sabemos. Pero asestó a Dan y a todos los demás futuros pretendientes al trono un golpe demoledor con un mensaje claro: cualquiera que intentara hacerse con su trono por medios poco respetables encontraría la muerte.

. . .

La Copa de Oro

Târgovişte, la primera capital de Vlad, era bastante grande, con cerca de 60.000 habitantes. Había sido revoltosa durante los reinados de los anteriores gobernantes valacos, incluidos el padre homónimo de Vlad y su hermano mayor Mircea. Los boyardos, inquietos e inconstantes, eran una de las razones, pero el pueblo llano no era el mejor. Los robos y asaltos eran habituales en la capital, ya que contaba con un asombroso número de habitantes pobres que tenían que robar para sobrevivir, pero también había ladrones oportunistas que lograban salirse con la suya en demasiadas ocasiones. Pero cuando Vlad llegó al poder, casi todos los criminales del país empezaron a recibir castigos brutales por sus actos. La gente no daba crédito a algunas de las historias que mercaderes y viajeros contaban tras pasar por las tierras del voivoda. Dos historias, en particular, destacaban.

Según el primer relato, un viajero o mercader había entrado en Târgovişte y necesitaba una posada para pasar la noche. Sin embargo, llevaba consigo grandes sumas de dinero, que comprensiblemente quería depositar en algún lugar seguro.

. . .

Sin embargo, el posadero y los lugareños se limitaron a decirle que guardara el dinero fuera, con su caballo, a la intemperie. El viajero se quedó atónito y, en contra de su buen juicio, hizo caso a la gente y dejó las bolsas con su caballo. A la mañana siguiente, esperando despertarse sin un céntimo, el viajero se quedó estupefacto al ver las bolsas intactas, sin que faltara ni una sola moneda.

La otra historia se refiere a una copa de oro. Vlad colocó este magnífico plato en el centro de la plaza de Târgovişte.

Según su decreto, todo el mundo podía beber agua de esta valiosa copa. Sin embargo, si una persona intentaba llevarse la copa consigo, se enfrentaría a un severo castigo. Vlad gobernó Valaquia durante seis años y, en esos seis años, ni una sola persona de su capital, de 60.000 habitantes, se llevó la copa.

Así, ya fuera el oro de un desconocido o una copa para beber de las masas, estaba a salvo en las calles de Vlad. La gente recordaría los primeros días de su gobierno, cuando los ladrones aún robaban a los débiles y a los impotentes. Pero gracias a la inusual y perturbadora práctica del empalamiento de Vlad, los ladrones se lo pensaron mejor antes de acosar a personas con bolsillos potencialmente profundos.

Una comida abundante

La reputación de Vlad ya había empezado a precederle. El rey de Hungría conocía su reputación, por lo que envió un total de 55 embajadores a la corte de Drácula. El voivoda los recibió bastante bien, dándoles alojamiento para pasar la noche, así como comida y entretenimiento. Sin embargo, había ordenado que se colocaran estacas, erguidas, delante de las habitaciones de cada embajador. Como era natural, los embajadores se asustaron y preguntaron al monarca por qué lo había hecho. Él se limitó a decir que era por su propia seguridad, que temía la traición. Mientras estaban en su corte, el voivoda invadió la región de Bârsa. Procedió a destruirlo todo: las chozas de los pueblos, las fortalezas, los campos llenos de trigo y centeno, el grano almacenado, todo ardió en llamas. Sus hombres capturaron a los habitantes de la ciudad sajona de Braşov, lo que permitió al temido príncipe adentrarse en la ciudad hasta la capilla de San Jacobo.

Antes de llegar, ordenó quemar los suburbios de la ciudad, lo que hicieron sus hombres, permitiendo que el humo y las cenizas dieran la bienvenida al soberano a la ciudad.

Pero el monarca valaco no descansó. A la mañana siguiente, ordenó sacar a los prisioneros al exterior. Todos y cada uno de los prisioneros fueron alineados al pie de la montaña donde descansaba la iglesia de San Jakob. Los prisioneros eran muchos y variados: ancianos y ancianas por igual, jóvenes de no más de cinco años, hombres y mujeres de toda estatura y condición; todos ellos eran ahora sus prisioneros.

Por supuesto, como era su costumbre, Vlad ordenó una ejecución masiva por empalamiento. Todos y cada uno de los prisioneros fueron a parar a la hoguera, y pronto estuvieron todos muertos, alineados al pie de la montaña y rodeando la capilla. Complacido con este sombrío estado de los acontecimientos, Drácula se acercó a una mesa llena de comida. Se sentó, cogió un plato, y disfrutó de cada bocado con la visión grisácea sentada ante él.

Pero ni siquiera esto satisfizo al voivoda. El día de San Bartolomé, dio orden de quemar dos iglesias, entre ellas la de San Bartolomé, en el pueblo de Codlea. Su capitán fue enviado a realizar esta tarea, pero los lugareños se rebelaron y se resistieron a la quema. El capitán, con el rabo entre las piernas, volvió a Vlad y le dijo que había fracasado. El voivoda, que no toleraba bien el fracaso, hizo empalar al capitán en el acto.

Debatir lo que está en juego

Benito de Boythor fue un embajador polaco al servicio de Matías Corvino, rey de Hungría. Fue enviado a Valaquia para tratar con el voivoda de turno el asunto del arreglo de las agresiones pasadas con los sajones de Transilvania. El rey necesitaba que sus importantes súbditos se llevaran bien, lo que no era tarea fácil, teniendo en cuenta que los sajones y los valacos llevaban años, si no décadas, en disputas. El embajador llegó a la fortaleza de Drácula, y ambos se sentaron a cenar. En un momento dado, Vlad ordenó que el embajador permaneciera sentado mientras el criado del voivoda corría a traer algo. Los cadáveres esparcidos por la habitación ya habían inquietado mucho al polaco, pero mantuvo la calma. Momentos después, el criado colocó una enorme estaca castrada sobre la mesa, justo al lado de un Drácula serio e impávido.

"Dígame, embajador", habló por fin el hijo de Drácula, "¿por qué cree que he puesto ahora mismo esta estaca sobre la mesa?"

. . .

Muerto de miedo, pero manteniendo la compostura, el embajador respondió: "Me parece, gracia, que un hombre de cierta nobleza ha cometido un gran crimen a vuestros ojos. Como tal, queréis castigarle con una muerte más honorable que la que cualquier plebeyo pudiera merecer."

Todavía severo como una roca, el autócrata valaco continuó: "En efecto, tienes razón. Eres un embajador real de un rey grande y poderoso. Por eso, he hecho esta estaca para ti".

Más sabio que la mayoría, Benedicto replicó: "Mi señor, si me consideráis alguien que ha cometido un gran crimen contra vos, haced lo que os parezca justo. Sois un juez imparcial, y si muero, no seréis vos el culpable. La culpa es mía y sólo mía".

Transcurrieron unos instantes de silencio. Muy pronto, Vlad estalló en carcajadas y retiró lentamente la estaca. Casi inmediatamente, ordenó que el siervo polaco del rey Matías fuera colmado de regalos, riquezas y otras galas. "Si no hubierais usado esas palabras, mi buen señor", dijo Drácula, "habríais acabado muerto sobre esta estaca. En efecto, sois apto para ser embajador de grandes gobernantes, pues habéis perfeccionado el arte de hablar con grandes gobernantes. Sin embargo, otros embajadores ni siquiera deberían atreverse a hacerlo, no hasta que hayan aprendido el arte de hablar con la realeza como tú."

Una cautiva de mala reputación

Tras su caída del poder, Vlad, el hijo de Dracul, había sido prisionero de la Corona húngara.

Pero a pesar de ser un prisionero, era tratado más como un invitado de honor, alguien que podía pasear libremente por la finca, que podía conversar con barones y señores, y que podía saborear las mejores cosas de la vida. Pero con los hombres de mala reputación, los malos rumores tienden a surgir. Algunos afirmaban que el antiguo voivoda había violado a una muchacha y la había dejado embarazada. Al propio Vlad no le gustó este rumor, así que se dispuso a demostrar que sus acusadores estaban equivocados de la forma más directa posible. Utilizando una daga, abrió en canal a la pobre muchacha ante los ojos de los espectadores, mostrando instantes después su vientre abierto y declarando que, evidentemente, no había ningún niño en su interior.

Construir un castillo

. . .

Poco después de recuperar el poder en 1456, Vlad quiso vengarse de los boyardos que supuestamente habían participado en la expulsión y asesinato de su padre y su hermano mayor. Una noche, posiblemente el domingo de Pascua, invitó a cenar a estos señores y damas, así como a su familia.

Después de que los invitados se saciaran, Vlad ordenó su rápida captura. Pero no los ejecutó inmediatamente. En lugar de ello, los hizo marchar muchos kilómetros hasta llegar al casi en ruinas castillo de Poenari.

Vlad vio la importancia estratégica de esta fortaleza, así que hizo que todos los prisioneros trabajaran día y noche hasta repararla por completo. Todos, desde el hombre más viejo hasta el bebé más pequeño, desde el hombre más sano hasta la mujer más frágil, tuvieron que trabajar en la reconstrucción de Poenari, y muchos de ellos murieron en el intento.

Los turbantes

. . .

En un momento dado, una delegación del sultán vino a visitar a Vlad. Durante años, Vlad había impedido que los turcos capturaran su tierra y la convirtieran en provincia otomana. Les pagaba tributos, pero les negaba otras mercancías, como jóvenes y niños para su ejército. La delegación que llegó quería presentar sus respetos al voivoda de Valaquia, pero Vlad sintió curiosidad por saber por qué no se quitaban los turbantes. Los soldados musulmanes respondieron que era su costumbre que el turbante permaneciera siempre en la cabeza. De hecho, ni siquiera se lo quitaban al propio sultán. Vlad consideró oportuno hacer que los turcos cumplieran su palabra, así que hizo que sus soldados clavaran los turbantes en las cabezas de los turcos.

Vlad y los sacerdotes

Aunque era un hombre religioso, Vlad no toleraba a los sacerdotes que no estaban de acuerdo con él.

Dos relatos hablan de sus tratos con los clérigos.

Una vez, dos sacerdotes llegaron de una tierra lejana. El hijo de Drácula los invitó, dispuesto a conversar con ellos. Hizo una simple pregunta al primer sacerdote: "¿Qué dice la gente de mí?"

. . .

Temiendo por su vida, el primer sacerdote murmuró que el pueblo sólo tenía palabras de gracia para el voivoda.

Piensan que es noble y justo, dijo el sacerdote, añadiendo que él también decía lo mismo del monarca. Vlad le dejó marchar, pero no permitió que el sacerdote se alejara demasiado. A continuación, hizo la misma pregunta al otro sacerdote.

"Todos tenemos que morir algún día", empezó el otro sacerdote, "así que diré la verdad. El pueblo te desprecia.

Para ellos, eres el peor tirano que ha pisado la tierra, y has cometido innumerables atrocidades que ni siquiera puedo contar. Sé que esto es cierto, porque he hablado con el pueblo sobre ti, y no me han dicho ninguna mentira".

Drácula liberó a este sacerdote, porque decía la verdad. Cuando se le volvió a hacer la misma pregunta al otro sacerdote, éste se limitó a repetir lo que acababa de decir el sacerdote liberado. Vlad hizo empalar al monje por haberle mentido al principio.

. . .

En otra ocasión, algunos sacerdotes de Gornji Grad (un convento católico de la actual Eslovenia) buscaron refugio en Târgovişte. Conocían bien los manejos de Vlad, pero sólo un sacerdote, el hermano Hans, tuvo el valor de enfrentarse al voivoda. "¡Tirano, asesino, déspota absoluto!", gritó el sacerdote. "¡Qué vil eres al matar inocentes! ¿Qué han hecho las mujeres embarazadas para merecer ser mutiladas y empaladas así? ¿Y los niños? Algunos sólo tenían tres años.

Otros no tenían ni tres horas. Sin embargo, los empaláis a todos, sanos y enfermos por igual, jóvenes y viejos por igual, culpables e inocentes. Dime, ¿por qué matar a los que no cometieron ningún crimen? ¿Por qué mujeres y niños?"

Drácula, por supuesto, tenía una respuesta preparada. "Si tienes que limpiar la tierra para ararla, debes hacerlo bien y a fondo. No sólo debes deshacerte de los tallos de las malas hierbas y las espinas, sino también de las raíces. Porque, verás, si se dejan las raíces, crecerá otra mala hierba peligrosa, más fuerte que antes. Por eso, tengo que eliminar a mis adversarios antes incluso de que crezcan. Estos niños son esos adversarios".

Para "honrar" al hermano Hans por su insulto, Vlad lo empaló personalmente. Además, no utilizó el método probado de insertar la estaca a través de la cavidad anal.

En su lugar, clavó la afilada estaca directamente en la frente del Hermano Hans. Su cabeza estaba ahora en el fondo, con los pies en el aire, y colgaba así de aquella estaca cabeza abajo, aterrorizando tanto a los demás monjes que algunos de ellos huyeron, sobreviviendo a duras penas para contarlo.

Saqueo de tierras búlgaras

Vlad se trasladó con su ejército a Nicópolis en 1462. El voivoda no tardó en acabar con los judíos, cristianos y paganos locales, masacrando a más de 5.000 personas, sin contar a los que ardieron en las hogueras. Algunos de sus soldados perdonaron la vida a docenas de doncellas y mujeres hermosas, preguntando al voivoda si podían casarse con ellas. Pero Vlad no quiso. Ordenó que todos los soldados y sus mujeres fueran cortados en pedazos con espadas y lanzas, algo parecido a cortar coles.

Como estado tributario de los otomanos, Vlad tenía que pagar una suma anual de dinero. Afirmó a los emisarios turcos que traería el tributo personalmente. Los turcos, abrumados, le dieron la bienvenida a Bulgaria, llegando a caballo en pequeños grupos.

. . .

Una vez que la mayoría de ellos estuvieron allí, Vlad puso en práctica su plan e hizo que los masacraran a todos. Fue una tarea fácil, ya que ninguno de los otomanos llegó preparado portando armas. Poco después, el voivoda de Valaquia incendiaría Bulgaria hasta los cimientos, cobrándose 25.000 vidas ese día, como mínimo.

11

Drácula y el vampiro de Bram Stoker

En 1897, el escritor irlandés Bram Stoker publicó su novela de terror gótico Drácula. En ella narraba la historia del Conde Drácula, un vampiro de Transilvania que viajó a Inglaterra para beber sangre, y del grupo de personas que posteriormente lucharon contra él. Algunos estudiosos han promulgado la opinión de que el vampiro de Stoker estaba basado en Vlad el Empalador. Aunque la idea parece haber calado, sobre todo en Occidente, no existen pruebas que apoyen la teoría.

Como preparación para escribir Drácula, Stoker pasó siete años investigando historias de vampiros y folclore europeo.

. . .

Tomó notas muy detalladas sobre sus investigaciones, pero en ellas no hay nada sobre Vlad el Empalador.

Es posible que Stoker encontrara el nombre de "Drácula" en el libro de William Wilkinson de 1820, An Account of the Principalities of Wallachia and Moldavia. Stoker tenía notas sobre este libro en su investigación. También parece haberse inspirado en el ensayo de Emily Gerard "*Transylvania Superstitions*", de 1885, en el que se menciona una historia de vampiros. En aquella época, en Europa se creía que Transilvania era un país extraño y misterioso. Elizabet Miller, estudiosa de Drácula, ha señalado que, aparte del nombre Drácula y algunos datos de la historia rumana, el conde de Stoker no tiene ninguna relación con Vlad III Drácula. Stoker también afirmó en un momento dado que toda la historia se le ocurrió después de comer demasiada carne de cangrejo, lo que le provocó una pesadilla sobre un "*rey vampiro*".

Tras la caída del comunismo, la novela de Stoker volvió a publicarse en Rumanía, al tiempo que se estrenaba la película "*Drácula*", de Francis Ford Coppola. A muchos rumanos no les hizo mucha gracia que su héroe nacional se convirtiera en un demonio chupasangre y que se ignorara su historia como defensor del Imperio Otomano.

. . .

La mitología de los vampiros aparece en culturas de todo el mundo. El vampiro europeo procede en gran parte del folclore eslavo meridional y griego, aunque curiosamente la cultura rumana apenas los menciona. La obsesión por los vampiros se extendió por Europa del Este a finales del siglo XVII y principios del XVIII.

Se registraron casos en los Balcanes y Hungría y se extendieron hacia el norte, a Francia, Inglaterra, España y otros países. Los viajeros que regresaban de los Balcanes contaban misteriosas historias sobre Transilvania y los vampiros, lo que despertó un interés que perdura hasta nuestros días. Fue una época en la que muchos autores, dramaturgos y poetas escribieron sobre la leyenda de los vampiros. La novela de Stoker simplemente formaba parte de esta tradición popular de historias de vampiros que atraían continuamente al público. Para Stoker tenía sentido situar a su Conde Drácula en medio de esta zona geográfica. Aquellos familiarizados con la historia de la región probablemente verían algún parecido del Conde con Vlad el Empalador. Quienes no estuvieran familiarizados con la historia corrían el riesgo de confundir al Conde ficticio con el histórico Vlad el Empalador, al igual que hace la gente hoy en día.

Sin embargo, fuera de la novela de Stoker, nunca existió relación alguna entre Vlad el Empalador y los vampiros del mito. Aunque era cruel, en Rumanía Vlad es un héroe nacional que luchó contra el Imperio Otomano y protegió la soberanía rumana contra fuerzas poderosas como Hungría.

En todos los Balcanes se le recuerda como un héroe. Sin embargo, existe una tradición en el folclore rumano de Vlad Ţepeş como un "*héroe imperecedero que en el momento de necesidad se levantará y salvará a la nación rumana de la destrucción*".

Se le describe como inmortal, recto y estricto; también es justo y equitativo. El arma que empuña es la estaca, y protege su tierra natal tanto de los enemigos extranjeros como de los nacionales. En cierto sentido, es el opuesto del Conde Drácula de Stoker.

Conclusión

A los fans del Drácula ficticio, que se ha convertido en un icono del terror moderno y de la cultura pop, puede resultarles difícil conciliar esa imagen con la del Vlad III el Empalador histórico, de ojos abiertos, severo e inquietante.

En muchos sentidos, el monarca de Valaquia es mucho más intrigante que el conde vampiro, con una vida que fluye y refluye constantemente, llena de emoción hasta el final. Pero la verdad, como suele decirse, supera a la ficción.

Y, en efecto, un breve repaso a la vida de Vlad parece extraño e inverosímil, sobre todo para un noble menor medieval.

¿Cuántos gobernantes pueden dar fe de haber sido capturados de niños por los otomanos, haber crecido allí, haber tomado el trono para sí mismos, haberlo perdido una vez, haberlo retomado de nuevo, haber asesinado a cientos de miles de personas y haber repelido con éxito a los mismos captores que le mantuvieron prisionero años atrás (captores cuyo país era casi diez veces más grande que el suyo), perder de nuevo el trono, ser capturado por el hijo de un antiguo aliado, ser liberado por esa misma persona (y casarse con su prima, nada menos), ganar una guerra tras otra para recuperar su país, recuperar de nuevo el trono y perderlo por última vez en el fragor de la batalla? ¿Cuántos gobernantes pueden decir que se escribieron, hablaron y cantaron tantas historias sobre él, o que se pintaron cuadros suyos que acabaron en algunos de los castillos más ricos de Europa, que acabaron aterrorizando a algunos de los gobernantes más poderosos de Europa? Y, lo que es más importante, ¿cuántos gobernantes pueden dar fe de que, en cierto sentido, se habían convertido en los gobernantes del pueblo a pesar de promulgar algunos de los castigos más monstruosos de la historia de la humanidad?

Drácula fue, más o menos, un producto de su tiempo. Con todos los matices y el contexto, podemos ver que se limitó a exagerar sus actos, algo que otros gobernantes antes (e incluso después) de él habían hecho. El corto periodo de su reinado es casi desproporcionado en relación con el número de actos que cometió, guerras que libró, personas a las que mató, personas a las que protegió y lugares que visitó o en los que habitó. El mero hecho de que aún sobreviva en el folclore rumano es más que suficiente para saber hasta qué punto ha influido en la historia de la humanidad. Era un hombre que podía empalar a cientos de personas en un solo día sólo porque le molestaban un poco, o matar a un general de confianza o a un partidario incondicional simplemente por cometer un error honesto.

Pero también era un hombre capaz de proporcionar tropas para proteger a su pueblo, aprobar leyes que facilitaran a sus compatriotas de Valaquia comerciar sin competencia desleal, y tanto construir como regalar numerosos monasterios a la misma Iglesia que probablemente no se lo tomara demasiado bien. Irónicamente, Vlad también fue un monarca que utilizó literalmente medios turbios y actos bárbaros para acabar con la corrupción en las altas esferas, y lo hizo con eficacia. Y gracias a su naturaleza prudente, se vengaba de los otomanos una y otra vez, golpeándolos y humillándolos hasta la desesperación.

Por supuesto, no debemos idealizar a Vlad el Empalador. Al fin y al cabo, era un ser humano que cometió actos horribles por razones tanto personales como políticas, lo que le hace comparativamente menos monstruoso que, por ejemplo, algunos de los peores dictadores del siglo

XX. Pero tampoco deberíamos excluirle de los libros de historia. Incluso los gobernantes modernos pueden aprender un par de cosas del ejemplo de Vlad (evitando, obviamente, todas las matanzas) y, al hacerlo, conseguir dirigir un país de forma que el pequeño individuo se sienta más seguro.

www.ingramcontent.com/pod-product-compliance
Lightning Source LLC
Chambersburg PA
CBHW070547100726
47907CB00004B/1295

* 9 7 8 1 6 4 6 9 4 8 3 3 8 *